# 您是這樣的人（视频书）

## ——我心中的周恩来总理

顾问　周尔均　廖心文
主编　邓在军

人民出版社

# 出版说明

2013年，在周恩来总理诞辰115周年之际，我们编辑出版了《你是这样的人——回忆周恩来口述实录》一书。书中收录了63篇与周总理有过亲身交往的国内外各界知名人士的采访记录，多侧面、多角度地呈现了周总理的动人风采。该书出版以来，受到广大读者热烈欢迎。

2018年，是敬爱的周恩来总理诞辰120周年。为了缅怀他、纪念他，让更多的读者、特别是年轻读者了解他、敬仰他，知道中国近现代历史上曾经出现过这样一位为了中华民族独立和人民幸福无私奉献了自己一生的好总理，我们再次编辑出版《您是这样的人——我心中的周恩来总理》一书，作为《你是这样的人——回忆周恩来口述实录》的续篇。

作为开国总理，周恩来令人高山仰止，他的英名在每个与共和国共同成长的人心中都留下了刻骨铭心的印记。书中的作者大多是新中国成立以后成长起来的一代，他们或者通过长辈的感人讲述，或者自己有过与周总理亲身交往的经历。在本书中，他们把珍藏于个人心中与周总理有关的故事娓娓道来。通过他们情真意切、生动感人的回忆，让广大读者感受周恩来总理跨越时空的不朽魅力。

改革开放以来，我国经济快速腾飞，人民物质生活显著提高。但与此同时，也出现了信仰缺失、道德滑坡等社会问题。因此，我们比以往任何时候都更需要接续和传承周恩来精神，弘扬周恩来的思想品格和道德情操，让周恩来精神成为重建我们社会主义核心价值观的重要源泉和动力。希望广大读者在阅读本书之后，能够得到一次净化心灵的洗礼。这就是我们编辑本书的初衷。

编者

2018 年元月

# 目　录

# 视频目录

# 这个人

乔　良
国防大学教授、少将

这个人
来了
海棠叶还没红

这个人
走了
海棠花已谢

你见过风吗？
他的笑就是风
你见过雨吗？
他的泪就是雨

你见过雪吗？
他的爱柔得像雪

你见过冰吗?
他的恨冷得像冰

他英俊飘逸
一生倾倒无数红颜
一生只与一个人厮守
他坚忍虔诚
一生历经无数劫难
一生只献身一个信仰

他沉默时
整个世界都在沸腾
他开口时
整个世界都安静下来
他所到之处
整个世界都变成向日葵
随着他的光线转动

他圣洁
圣洁从此有了尺度
他崇高
崇高从此有了维度
他完美
完美从此有了温度

完美也从此成了他唯一的缺点

从即使花白也一丝不乱的头发
到即使打上补丁也整洁如新的袖口
从即使老旧也依然锃亮的皮鞋
到即使弯曲也始终不失优雅的手臂
他完美得让卑污者不敢凝视也无法理解
他完美得在他的头衔前面根本无需加上自己的姓氏

他的眼神总在沉思
他的下巴总是铁青色
他有时一天会刮三次胡子
见一次宾客就刮一次
因为他知道自己的样子就是中国的样子
一个对每根胡茬都不肯放过的人
才懂得尊重别人，也尊重自己

他是海。他的历史，他的名声，他的荣耀
　　都是海
所以才有潮涨潮落
但退潮时，人们依然发现
他的饱满，他的清澈，他的辽阔，包容一切，包括
　　卑劣者对自己的诋毁

所以，

只要这个世界还崇尚良知
只要这个世界还期待抚慰
只要这个世界还谈论真诚
只要这个世界还仰望高贵
只要这个世界还需要一颗远比我们每个人更干净的心灵

人们就会想起这个人
就会念他的名字
——周恩来

2018 年 1 月 25 日于北京夕照寺

朗诵：这个人（瞿弦和朗诵）

# “虫声唧唧不堪闻”——父亲和周总理的一首诗

贺捷生

军事科学院百科研究部原部长、贺龙之女

上世纪50年代，我在北京大学历史系上学。每逢节假日，总要回到父亲贺龙身边，感受他迟到的父爱。父亲6岁发蒙，但性情粗放，胆大过人，厌倦寒窗苦读，没念几天书，便独自外出拜师习武，13岁做了骡子客，心思再没有回到学堂里。后来他投身革命，东征西讨，南征北战，官越做越大，地位越来越高，遇到用书的时候也越来越多，因此常常感叹没有读好书，对有学问的人很是尊重。当自己的女儿以北大学子的身份出现在他面前时，我看得出，他的心里是高兴的。

父亲表达情感的方式，在我的印象中，是静水深流。或许针对我所学的专业，当我们坐在一起的时候，他会有意无意地从他熟悉的某个人或某个他所经历的事件入手，找到父女之间交谈的渠道。我猜他这样做，是既想让我走进他的生命之中，又想让我领略隐藏在历史深处的奥秘。因为父亲的大半生都是从风起云涌的历史潮头走过来的，我对他每次提起的话题，自然充满期待。

有一次，父亲同我谈到他与周恩来总理的患难之交，突然问我，你知道历史上有个张皞如吗？我一时搜肠刮肚，怎么也答不上来。我知道他又想起了某件往事，但真是遗憾，在我当时的涉猎中，确实没遇到过这个名字。这似乎在父亲的意料之中，他马上说，不怪你女儿，这个叫张皞如的人，我知道的也不多，只知道他是民国时期的一个老师，蛮有学问的，也蛮有骨气。然后父亲说，那是在民国初年，张勋复辟帝制，给所有希望国家进步的人泼了一瓢冷水，就像天空刚出现阳光又被乌云遮住了。为此，张皞如公开在报端上发表了一首诗，题目叫《伤时事》。诗写得很好，你想办法找来看看。

父亲大概觉得，要说清这段历史，先必须找到那首叫《伤时事》的诗，并要了解写这首诗的张皞如是个什么样的人，否则这种交谈对我来说没有多大意义。回到学校，我立刻向近代史老师请教，然后又钻进学校图书馆，费了很大的力气，才从故纸堆里查到那首诗。原来是首七绝，我至今还能背出来。诗前面有段附言："九月二十八日阅报，见徐州会盟，祸已近眉睫，政府犹用敷衍主意。国命运已断送于数人之手矣，不禁掷书流涕，遂成口号。"诗如下：太平希望付烟云，误国人才何足云；孤客天涯空涕泪，伤心最怕读新闻。

读着这首诗，我感到一种彻骨的忧伤跃然纸上，当然是忧国忧民。透过悲愤而又低沉的诗句，仿佛能看见一个身穿长衫的中年男人，以歌当哭，正在烟云飞渡的天空下独自徘徊，泪雨纷飞。面对军阀当道，枭雄窃国，他是那样的孤独，那样的失望和悲伤，但他无所畏惧，敢于痛斥窃国者的倒行逆施，表达对他们的不满。

这首七绝刊登在1916年天津出版的《敬业》杂志上。杂志可能发行量不大，发行范围也有限，我在北大图书馆并没有查到它的原刊，只查到《伤时事》最早刊登于这本杂志。但看到1916年这个年份，我蓦然想到，正是在这一年的2月，我父亲贺龙在故乡桑植带领他的12个弟兄，揭竿而起，用两把菜刀（其实是两把柴刀）砍了芭茅溪盐局，夺了官府的12枝枪。难道这是一种巧合？接下来，我开始追踪张皞如先生的足迹，希望能更清晰地找到他写下《伤时事》的前因后果。我想，父亲文化不高，也没有诗词方面的造诣，可他在几十年后仍然记得这首诗，记得写这首诗的张皞如先生，其中必有原因。

后来我获得了如下资料：张皞如，名穆熙，字皞如，1878年生于河北省盐山县大许孝子村，卒于1934年，享年56岁。张先生从小天资聪慧，颖悟过人，青年时应童子试考中秀才。因亲眼看到清皇室的昏聩无能，丧权辱国，对列强赔款割地，屈膝投降，深感欲图强必维新，非维新不能救国，遂确立了“读书救国，学以致用”的宏大目标。但他很快发现当时的教育制度腐朽而陈旧，以八股文束缚人们的思想，害人子弟，随即改换新学，于1905年离家赴保定深造。由于他进取心强，成绩优异，不仅受到同学的推崇，而且受到美籍英语教师麦迦利先生的器重。学习期满后，张先生回家乡办教育，先在盐山县创办“劝学所”，自任所长；后又在县里创办许孝子高等学校，自任校长。一时声名鹊起，受到当地民众的热烈欢迎和拥戴。南开老校长张伯苓先生留美回国后，曾在保定大学任课，经美籍教授麦迦利推荐，对张皞如的才华和学识倍加赏识。张伯苓先生创办南开学校并主持校务时，恰逢张皞如被选为省参议员，便聘请他到南开学校任语文教师。当时，少年周恩来正在南开中学读书，张皞如便成了周恩来的老师。周恩来思想开放，向往光明和自由，并且品学兼优，这必然引起张皞如先生的注意，从此张皞如和周恩来建立了深厚的师生情谊。颇能说明这种师生情谊的，是两个人经常在《敬业》杂志上以诗词唱和，共同表达对国家命运的关注。

张皞如那首七绝诗《伤时事》，就是在南开任教时期写作和发表的。其时，辛亥革命已落入低潮，数年前成立的中华民国被淹没在军阀混战之中。张勋为打击孙中山先生领导的资产阶级民主革命，处心积虑地拉拢和勾结各地军阀，在徐州阴谋订立北洋七省军事攻守同盟，意在复辟封建帝制，开历史的倒车。张皞如从报纸上看到这条新闻，不由怒发冲冠，拍案而起，奋笔写了《伤时事》一诗，既愤怒痛斥张勋复辟，又对中国向何处去表示出严重忧虑，充分体现了一个进步人士的道德良知。

又一个假日来临，我把从图书馆抄下来的《伤时事》带回家去给父亲看。父亲说，就是这首诗。不过你找到这首诗，只完成了任务的一半；任务的另一半是，当时作为张皞如先生的学生，周恩来步张皞如这首诗的原韵也写了一首七绝，应该把周总理的这首诗也找出来，不然故事就不圆满了。

沿着少年周恩来在天津南开时的活动轨迹，我在图书馆果真找到了他写的那首诗。让我大为惊异的是，周总理的这首诗不仅是步老师张皞如那首《伤时事》的原韵，而且与张皞如的诗发表在 1916 年 10 月出版的同一期《敬业》杂志上。这验证了周恩来与张皞如的师生情谊非同一般，可谓师生同道，共克时艰。

周恩来当年写下这首诗的标题为《次皞如夫子〈伤时事〉原韵》，原诗如下：茫茫大陆起风云，举国昏沉岂足云；最是伤心秋又到，虫声唧唧不堪闻。

懂诗的人都能读出来，周总理的这首七绝，不仅是步张皞如先生的原韵，而且与他的《伤时事》心灵相通，一脉相承，同样表达了对反动军阀逆历史而动的满腔义愤，谴责了他们把国家搞得乌烟瘴气的罪恶行径。如果说有什么不同，则表现为周恩来对张勋复辟的极端不屑和蔑视。从诗里我们可以看到，他运用了古诗词中常用的隐语，指出张勋复辟只不过是秋天的唧唧虫声，发出的是行将灭亡的哀鸣。那种高远的意境和盛极必衰的辩证眼光，如同英国诗人雪莱的名句：“冬天到了，春天还会远吗?”换句话说，少年时代的周恩来，其心胸和抱负，还有那股初生牛犊不怕虎的劲头，已远在他的老师之上。

我把好不容易找到的这首周恩来总理在少年时代写的诗，急切地交给父亲，他当即露出一脸欣悦之色。然后默默地，几乎是逐字逐句地读了一遍，接着便给我讲述了由这首诗引起的一段传奇。

父亲告诉我，这是南昌起义后发生的事。人们都知道，南昌起义是中国共产党领导下的革命武装对国民党反动武装打响的第一枪。作为起义的主要军事指挥，父亲从此投入了党的怀抱。但起义胜利后，起义军在南下潮汕途中，却遭到国民党反动军队的层层阻击和包围，最后终于寡不敌众，被迫接受失败的命运。在起义军领导人决定分开行动时，在潮汕的某地，周恩来与父亲贺龙有过一段恋恋不舍的话别。因为父亲在南昌起义之前已是国民革命军第二十军军长，他带领上万人的部队参加起义，公开倒向共产党，这可是件天崩地裂的大事，震惊朝野。但经过夺城激战和南下潮汕的一路恶战，上万人的部队死的死，伤的伤，散的散，忽然父亲成了一个光杆司令。周总理怕父亲承受不了这种打击，对革命失去信心，主动和他推心置腹，谈起了自己对革命的追随过程。父亲几十年后说，周总理那天的诚恳和对中国未来的冷静分析，就像刀劈斧砍，给他留下了刻骨铭心的记忆，永远不会磨灭。

正是在这次话别中，周总理提到了他在南开读书时与老师张皞如的那次诗词唱和，并以款款语气，吟诵了1916年10月步张皞如《伤时事》原韵写下的这首七绝。念完诗后，周总理对父亲说，失败是暂时的，部队没有了，我们可以重新去招兵买马，因为国民党右派把国家治理得一片昏暗，让天下百姓看不到希望，但他们不过是几只唧唧秋虫而已，在寒露中哀哀鸣叫，严冬一到就没了声息。中国那么大一个国家，那么多的人，怎么能让反动势力一手遮天？因此，我们必须站出来挽救国家危亡，继续战斗下去，担起重整山河的重任。

父亲性格中最突出也最富有魅力之处，就是敢于担当，敢于对天下的黑暗势力发起挑战。在这之前，他已经百折不挠，百战不殆，从没有在险恶面前低过头。因此，他告诉周恩来，自己今后最想做的，便是东山再起，继续拉一支队伍，把旧中国搅个天翻地覆。

历史过去了80多年，在今天，我依然能想象出当年的情景。那应该是最后的一场残酷激战之后，天边残阳如血，战场上升起的硝烟把天空遮得忽明忽暗。在某个险峻的山头上，周恩来和父亲如同两棵大树那样傲然挺立，任一阵阵风把凌乱的头发吹得竖了起来。他们已经疲惫不堪，衣服上和挂在胸前的红飘带上，或许还溅着几滴鲜血。但他们心心相印，难舍难分，就这么迎风站着、说着，向着未来远远地眺望和憧憬着，都想把心窝里的话掏出来。当周恩来对父亲念过那首诗，说过那番话之后，父亲必定会紧紧地握住周恩来的手，动情地对他说：恩来，你放心吧！我贺龙这一辈子跟定了共产党。这山有多高，我的信心就有多高。起义的队伍虽然被打散了，但这没什么了不起，无非让我们卷土重来吗。现在我哪里也不想去，就想回我的湘西。你信不信，不出两三年，我贺龙又会浩浩荡荡地拉出一支队伍来！而周恩来就在等这句话，他也必定会对我父亲说：贺胡子，我不信你信谁呢？你在国民党那边那么自在，那么逍遥，但你放着好好的军长不做，跑到我们这边来，吃苦受累，图什么？我们又能给你什么？就算给你一个天下，那也得自己去夺啊！我父亲呢，这时必定会把周恩来的手握得更紧，又必定会说：不，恩来，我跟定共产党，当然是有所图的，我图推翻这个乱世，让我们共产党自己得天下……

后来发生的事情，我们都知道了：在南昌起义 8 年之后，我父亲接到了同是南昌起义领导者的朱德总司令的电报，从故乡湖南桑植县的刘家坪，把他重新组建的红二军团，带上了红军长征之路。此时在他的身后，又是兵强马壮，铁流滚滚，簇拥着数万人的部队。

再后来的事情，发生在天安门城楼。

这是 1949 年的开国大典，周恩来总理和我父亲贺龙以开国领袖的姿态站立在天安门城楼上。盛大的阅兵式开始了，父亲忽然想起什么，径直走到周恩来身边，认真地对周总理说：“恩来，你还记得1927年潮汕失败时，你给我念过的那首诗吗？”

周总理两眼放光，热烈地望着我父亲说：“贺胡子，连你都记得那首小诗，我怎么会不记得呢？”

这时，参加阅兵的队伍正走过长安大街，那种排山倒海的阵式，所向无敌的气势，激起万众欢腾，声震云霄。父亲手扶栏杆，扯开喉咙对周总理说：“哈哈，如今的反动派，真是‘虫声唧唧不堪闻’了。”

周总理听我父亲吟出他33年前的诗句，也报以大笑，然后说：“不，贺胡子，如今是‘一唱雄鸡天下白’了！”

朗诵：人民英雄纪念碑碑文（方明朗诵）

# 周总理的品德，是我们中国共产党的光荣

陈昊苏

中国对外友好协会原会长、陈毅之子

我父亲陈毅第一次和总理见面是在“八一”南昌起义以后不久。他到南昌时已经是8月6号了，部队已南下，他赶到抚州，见到周恩来。后来周恩来派他到七十三团去当指导员，和朱老总一起作战，最后上井冈山。父亲和他们走到了一起，在转折关头走到了一起。他们的友谊诞生在那个严峻的年代，伴随他们走过了一生。

十年内战中，1934年五次反围剿，8月父亲负重伤，送到瑞金，住进医院。他的子弹不能取出来，他给总理写了一封信，总理说一定要动手术，用电台间歇时间，把发电机抬过去为他做手术，过一两天部队就出发了，关键时刻是总理救了他一命。

父亲上油山打游击，三年游击战是他一生最困难的时期。又过了五年，抗日战争开始以后，1939年总理到新四军军部，两人才又见面。

1945年父亲到延安参加“七大”，赫尔利曾到延安，签了议定书，回到重庆后，赫尔利又改变了。总理到重庆去找赫尔

利谈判，毛主席曾把有关的文件给我父亲看，让他提出意见。他曾写了一封很长的信给主席，主席曾回复短信说：“所提各节甚好，已告周、董。”

新中国成立后，总理兼外交部部长，1956 年选我父亲当外交部部长，因他生病，1958 年才上任。他们的接触非常多，他们非常亲密，出国坐同一架飞机，甚至在北京开会都坐同一辆汽车。有时星期六跳舞都一起去。父亲把总理当成亲兄长。

总理非常细心，和我父亲在一起的时候，老是照顾我父亲，我父亲是总理最主要的助手，总理出国时，父亲担任过代总理。

“文化大革命”中，为使乾坤不倾覆，是总理在撑着。1967 年 8 月，父亲挨斗，总理到场坐镇，不让行为过火。父亲后来很激愤地说：“如果不是总理坐阵，让 8341 部队保驾，我今天就回不来了。”

总理当时有许多难处，但还是力保陈毅，说对我父亲可以批判，但不能武斗。为了安全，让我父亲提前一天住到人民大会堂，还安排散会后不要马上走，人少时再走。最后造反派违背诺言，总理为此犯了心脏病。

如果不是总理，“文化大革命”的损失还要大得多。

我父亲 1969 年 10 月被疏散到石家庄，1970 年年底觉得身体不好，腹痛，他给总理写信，要到北京来看看病，总理批了同意，到 1971 年 1 月 16 日极痛，发现肠癌，总理很关心，包括让我们几个孩子回来看一看父亲。

母亲患病，总理给了很多关心。1974 年 1 月 2 日，总理去看刘帅后去看了母亲，还带了安徽冒孝友先生写的缅怀我父亲的诗，总理批了“送张茜同志阅”。那年春节我母亲病得很重，但总理来看她，她心中很高兴。总理还提到让我母亲编的《陈毅诗选》。

后来总理还一直关心着我们兄弟和妹妹。邓妈妈对我也特别关心。他们关心人的方式是严格要求我们努力为党工作。1992 年邓妈妈病重时我去看她，把我弟弟编的《怀念陈毅》的画册送给她，她说你们都很好，你们是跟你们的爸爸妈妈学的。他们的友谊在我们后代人心中是不可磨灭的。

周总理的品德，是我们中国共产党的光荣，总理是这支队伍中最出色的一个战士、指挥员、领袖。

父亲病逝后，在 301 医院的地下室进行遗体告别，总理来了，提到追悼会的安排问题。在休息室里谈到自己后事的安排，说到了不保存骨灰。我们到时，总理已经到了，总理通知："张茜，毛主席一会儿要来，他们是井冈山时候的老战友。"

父亲的追悼会原来是李德生主持，叶剑英致悼词。因为毛主席来了，叶帅就把致悼词让给总理。总理念的时候，我们感受到他内心的强烈悲痛。

# 周总理和我们一家

孔　丹
中信集团原董事长、孔原之子

我们一家跟周总理的关系，应该从我没有来到这个世界上就开始了。我父亲孔原，1906 年出生，1924 年入团，1925 年入党，是一个老党员了。他的经历比较曲折，两次去苏联，但是据我的查证，他跟周总理工作上的交往，1938 年之前没有明确的证实。1938 年我父亲跟毛泽民、陈潭秋一起从苏联回到新疆。当时盛世才搞新兵训练营，留了一些共产党员。他脚踩两只船，但后来跟共产党翻了脸。我父亲没留在新疆，他奉调回延安了。要是留在新疆，也就和毛泽民、陈潭秋他们一起被盛世才杀害了。

我父亲回到延安，毛主席亲自跟他谈话，随后任命他担任中央社会部副部长，社会部部长是康生，第一副部长是李克农，然后就是我父亲。我父亲长期做白区工作，他不是做红区工作的。我父亲在那时应该和周副主席有所接触。

我父母是和邓小平、卓琳同一天结婚的。他们结婚时，毛主席和少奇同志等很多领导都参加了。在毛主席的窑洞前面，他们四个人只照了一张照片，可见当时的物资之匮乏。

到了 1940 年，我父亲从延安调到重庆，在周副主席亲自领导下工作。现在如果去重庆红岩村参观，还可以看到一些照片上有我父亲，也有标出来哪一间房间是孔原住过的。他做过南方局的党委委员和南方的组织部长，当时周恩来同志兼任南方局书记，董必武同志任南方局的宣传部长。对于我父亲而言，这是一段非常重要的工作经历，使他与周副主席建立了上下级的信任关系。

新中国成立后，周总理找我父亲谈话，让他出任海关总署第一任署长。我父亲就问：海关是做什么的？周总理说：你去了就知道了。新中国第一部《海关暂行法》是我父亲组织拟定的。

1957 年，我父亲调到中央调查部任副部长，当时邹大鹏是排在前面的副部长，部长李克农已经身患重病。我父亲一到中央调查部，我们家就从东交民巷原海关总署宿舍搬到了米粮库胡同 4 号，李克农住在那个院子里的四合院，我们住在后楼，父亲为了工作便利，还经常住在西苑机关的西北院的一号楼。

我父亲文质彬彬，戴金丝边眼镜，很儒雅，长得像日本的友好人士西园寺公一。我们开玩笑说他是个贵族。可他的文化程度是初中还没毕业。

这个期间我父亲跟周总理的工作关系非常密切。当时在国务院有一个外事办公室，叫外办，那时候管农业的叫农办，管财政的叫财办，李先念是财办主任，农办是谭震林做主任，外办主任是陈毅，他是国务院副总理兼外交部长，兼国务院外事办公室主任，廖承志是外办的副主任，我父亲也是外办副主任。

在我小时候的印象里，每逢周末都有联谊活动，在国务院小礼堂和紫光阁，一个是看电影，一个是舞会。工作之余，毛主席、少奇同志就会到紫光阁，总理和陈毅基本上就在国务院小礼堂，或者看电影或者参加舞会。我觉得这是一个很好的方式。在延安时期我们党就有这个传统，各级干部大家在一起非常的融洽、平等。我小时候就高高兴兴地跟着大人去，在那儿喝一点儿汽水，看着他们坐在那儿谈工作。后来很多同志很羡慕周总理当年跟这些部长的沟通方式，不用写报告，有事就直接说。这种工作方式应该说是有效的，非常地简单和融洽。

周总理日理万机，但是外事工作是他一个很重要的工作重点。毛主席确定的很多国际战略由周总理来实施。1962 年七千人大会以后，整个国家的形势好转了。当时世界上有两个霸权主义国家，一个是美国，一个是苏联。毛主席的战略就是团结第三世界。第一世界是美、苏，第二世界是欧洲、日本，第三世界就是亚非拉。不久，以周总理为团长的代表团访问亚非十四国，大概是从 1963 年 12 月 13 日开始，走了一个多月，中间回到新疆休息了几天。这是执行毛主席的战略，打破全球霸

周总理参观苏丹民族博物馆，右二是孔原。

权主义的一个重要举措。

访问团主要人员组成是这样的，周总理是一号人物，二号人物是副总理兼外交部部长陈毅，三号人物就是国务院外事办公室副主任孔原。至今我很想了解一点，就是我父亲在这个团里的作用是什么？我听到一些说法，在那个时候的斗争情况下，他负责情报和安全方面的工作。因为当时的斗争形势非常严峻，60 年代蒋介石还要“反攻大陆”，搞暗杀活动，曾经发生过“克什米尔公主号”事件。

我认为，我父亲是从隐蔽战线、情报工作方面，来协助周总理工作的。毛主席当时制定的战略就是团结第三世界，一直到 1973 年，我们跟美国开始联合对付苏联霸权主义。在亚洲、非洲和拉丁美洲，我们和第三世界的国家建立了很多重要的朋友关系。很多人说坦赞铁路就是毛主席第三世界战略、周总理出访亚非十四国的政治遗产。它的价值不在于经济，而在于为我国 20 世纪 60 年代的国际战略打下一个基础。习总书记不久前去美国的西雅图、华盛顿，然后是纽约的联合国总部，他说了很重要的一句话：我们这一票是投给发展中国家的。现在很多同志从“一带一路”回溯到当时毛主席确定的第三世界战略，以及周总理亚非十四国的访问成果。我很高兴我父亲能追随周总理发挥自己的作用，这在他的一生中是一段非常重要的工作经历。

我母亲许明跟周总理也有很深的关系。新中国成立后她原来在海关总署工作，刚建国时不少夫妻经常在一起工作，后来慢慢地就调开了。我母亲 1953 年调到总理办公室。从 1953 年到 1966 年自杀，她在总理办公室工作了 13 年。毛主席的工作习惯是睡得很晚。总理既要和主席的工作节奏相配合，也要跟国务院的日常工作节奏相配合，所以说压力非常大。他的秘书们也是夜以继日。我母亲的口碑非常好。她在总理那儿工作，开创了一些很好的工作方式，比如说给总理送文件，她都会做夹条，夹条上写有摘要或者意见。总理办公室是比较大的，我母亲先是秘书，后来提拔为副主任，那时候童小鹏是主任，罗青长是副主任。我母亲是负责农业和文化的副主任。电影《周总理的四个昼夜》里就有一个总理秘书叫许明，是真名真姓。

我母亲 1936 年入党，1953 年调到总理办公室工作，1962 年当总理办公室副主任，1965 年当国务院副秘书长，应该说她深得周总理的信任。

小的时候我们经常去西花厅，找机会去食堂改善一下伙食，跟总理一起打过乒乓球。印象里他的右手臂有一点僵硬，动作老是像吊起来似的。我父亲说你们跟总理打球，别为难总理，左一个右一个的吊球，因为总理胳膊受过伤，只能这样打。人们爱用平易近人说总理，我还不只是这样的感觉，我觉得他很亲切，他是把我们当成他自己的侄子看待。总理自己没有小孩，但抚养了一些烈士的孩子，我们还常在他身边。邓妈妈更是和蔼可亲。总理哄着大家，说来一起玩儿，但是他忙，有时就走开了，这时邓妈妈就会过来招呼大家，留一点糖果给我们。

下面讲讲我个人跟周总理之间一段很特殊的经历。

我 1965 年在北京四中入党，当时的中学刚刚恢复在中学生中发展党员，因为反右以后中学就不发展党员了。我的组织观念、纪律观念很强，“文化大革命”刚来时我相对来说是比较保守的，反对成立红卫兵。虽然在历史上我被定位为一个北京红卫兵的重要领袖，但是我一开始是反对成立红卫兵的。直到1966年8月18日毛主席登上天安门第一次接见红卫兵，那时候宋任穷的女儿宋彬彬还给他戴上了红卫兵袖章。从那以后我们被动地成立了红卫兵组织。8月下旬，林彪在天安门上有一个讲话，说要大破“四旧”，大立“四新”。整个社会上一下子乱了起来，开始抄家、武斗，暴力冲击国家机关就是从那时开始的。

8月25日，一些学校的同学在一起商议搞一个纠察队，叫“西城区红卫兵纠察队”，后来人们称为“西纠”。我的同学参加了发起大会，回来跟我讲：“孔丹你得当这个头，四中、六中、八中、十三中，几十个学校的学生参加，谁也管不了。”他们觉得我有这个威望。我说学校的事够多了，忙不过来。他们说不行，你得去。我勉为其难，就去了，以后我就成为“西城区红卫兵纠察队”的领导了。我们针对当时社会上的暴力，发了10个通令。做了很多保护老干部、保护档案和国家机密的工作。

8月31日，毛主席在天安门上接见红卫兵，我们“西纠”的人都组织起来，我也上了天安门城楼。一上城楼我就把“西纠”的袖章给林彪戴上，也给江青戴上了。我正要给毛主席戴上，周总理这时走过来直接跟我说：孔丹，毛主席是全国人民的红卫兵领袖，你不要给他戴“西纠”的这个了。总理说话很直接。我说：好，听您的。所以我就没有给毛主席戴。

这时候在天安门城楼上碰到叶剑英元帅，叶帅说：你们搞的纠察队很好，保护了很多干部、档案和国家机密，你有什么困难需要我帮助吗？我说：叶伯伯，我们需要一处驻地来办事，需要车辆、被褥，我们还需要一点钱，我们要吃饭啊。叶帅说：

好，没问题，我给你解决，杨成武你过来，抓紧给孔丹把西城区纠察队的困难解决一下。那个时候杨成武是解放军代总参谋长。

晚上回到家里面我看到母亲，就跟她说了见叶帅的事。我母亲说：孔丹你怎么去麻烦叶帅？怎么这么不懂事？这个事情我们来解决嘛。我说：你怎么解决？她说：我找国务院机关事务管理局去办。

我母亲当时是国务院副秘书长兼任国务院红卫兵联络站的负责人，她直接跟红卫兵打交道。我相信我母亲是非常清楚周总理对于“文化大革命”的想法的。后来查证到周总理曾直接安排了一个工作小组对“文化大革命”的形势加以控制，这是后话。我把我们的通令给我母亲看了。我母亲看了以后说：不错，还有一点儿水平啊。后来很多人就盯着问这个通令到底是谁帮着写的！康生说，这后头一定有长胡子的，学生背后一定有长胡子的。实际上我母亲一个字都没有帮我改过，但她肯定是支持的，我想，她是在贯彻周总理的精神。

有这么几个典型的行动是我们在周总理的直接指挥下进行的。当时全国红卫兵串联，整个北京市非常混乱，谁也不听指挥。周总理就开了一个会，这个会我参加了，“西纠”还有董良翮（董必武同志之子）、陈晓鲁（陈毅元帅之子）参加了。当时参会的铁道部的副部长叫武竞天，还有一些有关的人，就在西花厅院子里的一个会议室里，我印象很深。我们这些小孩子没见识过总理开会这个阵式。我的印象里周总理一直是和蔼可亲的，那次是我第一次见到总理拍桌子、发脾气。他说：武竞天你站起来，北京站的秩序不好，影响了红卫兵到北京来串联，谁负这个责任！武竞天站在那里非常紧张。周伯伯怎么会发脾气？因为当时有中央文革小组只管发动，推波助澜。但是怎么弄？谁来负责秩序？没人管。毛主席一共接见了 11 次红卫兵，不得了，一次就百十来万人参加。周总理对我们说：我今天找你们来，孔丹你们几个人负责维持北京站的秩序，我让他们都配合你们。无论是公、检、法还是各方面都配合你们。我说：好！我们在西花厅把任务给领下了。这是周总理跟我个人的一次直接的工作接触。我请董良翮带队，我们各学校组织了约几百名红卫兵，到北京站维持秩序。他们在那儿没吃没喝的，很是艰苦。

那个时候“西纠”说话挺管用，我们的通令被好多外省市的党政机关贴出来，说是中央精神，要求稳定秩序。后来我才知道这些通令跟“中央文革”的精神是完全抵触的，但是总理在各种场合，各种大会小会讲话都是说：你们要革命，也要遵守秩序，要文斗不要武斗。我们在精神上是和周总理保持一致的。

还有一次国务院秘书长周荣鑫把我找去说：“孔丹，交给你一个任务，是总理亲自交代的，要你们去保护班禅，这个任务交给你们了。民族学院的学生要揪斗他，总理交代万万不能灭口。”这个词给我的印象很深，不能“灭口”，就是一定要保障他的人身安全。我说好，这件事既然是总理交代的，我亲自负责，保证完成任务。后来我们把班禅从西藏驻京办事处用卡车拉过来，批斗后我们又用卡车给拉回去，圆满地完成了任务。

一次我在国务院汇报完班禅的事出来碰到李富春、李先念两位副总理。他们见到我和我母亲在一起就说，孔丹干得很好啊，保护档案、保卫国家机关、保护老同志，做得好。我妈妈说，两位副总理都肯定你，你要好好地承担责任。那个时候我觉得我是站在周总理这条线上的。

后来，形势慢慢地发生变化，9月“中央文革”公开支持高等院校的红卫兵，诸如“地院东方红”“北航红旗”“清华井冈山”，冲击相关的党政机构。“地院东方红”冲击地质部时，他们在楼下冲击，我们一截一截地抵挡，和他们发生了肢体冲突。他们背后有“中央文革”，有恃无恐，别的红卫兵对我们有一点敬畏，但他们不怕。这时我妈妈打电话给我，说你必须撤退，不准跟“地院东方红”继续冲突。我说为什么？她说你不要问为什么，你必须执行。这个事情我今天也没有一个结论，这里到底有没有总理的指示？我个人的感觉一定是有总理的指示的。我妈妈是一个副秘书长，她怎么会直接指挥我们呢？

另一场就在国防工业办公室，我们跟“北航红旗”发生了冲突。那时国防工办主任是赵尔陆。我们有两个任务：一个是保护老干部，另一个是保护档案机密。在我们和“北航红旗”红卫兵发生冲突时，又是我妈妈命令我们撤退。我就问为什么？下面好多同学不能接受。当时邓小平的女儿邓榕就不服，她问凭什么？我说没有什么凭什么。因为我当时是负责人，说撤退大家就撤退了。我感觉到这里面有问题。

到1966年12月16日，这个日子我记得特别清楚，在工人体育场开大会，周总理在场，江青当场就把“西纠”点出来了，说：“西纠”打人杀人，后台揪出来要枪毙。她在会上点了王任重、周荣鑫、雍文涛、孔原、许明五个人的名。当时王任重还是“中央文革”小组的成员，江青说翻脸就翻脸。除了雍文涛是北京市委的人外，其他几位都是总理身边的人，这一看就是针对周总理的。

我当时还在外地，12 月 21 日回到北京，我回到家里发现家里被查封了，到处都贴了封条，然后就知道我母亲自杀了。她是在西花厅的办公室里吃安眠药自杀的，抢救了两天没有抢救过来。

我 12 月 21 日夜里回京，12 月 23 日下午被拘捕。在监狱里整整待了四个月。那个时候抓了一些人，都是好几个人住在一个牢房里，但是我一直是一个人在一个牢房。审讯我的人毫无顾忌地追问“西纠”的后台是什么人。我说：你想证明什么？我们是自己做的，我们没有后台指挥。他们就是要追查指挥“西纠”的后台是周总理。我相信我妈妈的自杀就是对这个行为的抗议，她的意思是：这件事我自己负责，别往周总理那儿扯。今天回头看，“西纠”开始是自发的，但后来“西纠”的行动实际上纳入了周总理针对“中央文革”过激行为的有组织抵制行动当中去了。

1967 年 4 月 22 日，在列宁诞辰日的那一天，我们有上百人被挨号叫上了大巴车，一路开到大会堂的南门。我们稀里哗啦地下车，被带着往南门走，进了一个厅，那里椅子都排好了。我们刚一坐下，周总理、陈伯达、康生、江青、张春桥、姚文元、戚本禹、关锋全都穿着军装进来了。他们坐下来，还没开始讲话，江青就说：孔丹是哪一个？站起来我看看，我就站了起来。他旁边的康生看着我笑。康生是我特别熟的，我很小的时候到北戴河就住他家，康生跟我父亲以往有很深的关系。随后，周总理讲话了，他说：毛主席说了不要再把你们关在里面了，让你们出去继续革命。董良翮、孔丹是我看着长大的，你们有错我也有责任。我听了心里很触动，但忍住没有落泪。

这是我和周总理的一段特殊的经历。周总理是卓越的领袖，他的革命生涯可以分成各个阶段，就是这么一小段时间，从1966年8月25日到9月底，个把月的时间，我跟周总理之间有了一段难忘的经历。其后，是在周总理的亲自关心和批示下，1972年年底我从插队的陕北农村调回了北京，我父亲也在周总理的亲自批示下，于1973年10月得以解除了关押。

我记得周总理是1976年1月8日逝世的。那天听完广播，我和父亲两人长时间地沉默着流泪，什么话也说不出来。

我的同学、朋友说我工作勤奋、处事严谨，一定是受到了周总理工作作风以及我父母的工作作风的影响。我觉得周总理首先是一个伟人，但他在我的心目中是一个活生生的人。我们一般说某人承担了某项工作，担任了某个职务，他就有了一份责任。但周总理远远在这些责任之上，他为人周到、严谨，对所有的人都关心，真是一个特殊材料制成的人。还有一点就是他的忍辱负重。有了委屈，好多人都会发牢骚，但是周总理就能隐忍，坚持到最后。这一点对我的一生有非常深刻的影响。

# 周总理的一次讲话改变了我的命运

万伯翱

中国体育杂志社原社长、总编，万里之子

20 世纪 60 年代初期，毛主席提出来知识青年到农村中去，“广阔天地大有作为”。我当时高中毕业，我父亲万里时任北京市委书记、第一副市长（市长为彭真），他就考虑让我到基层去锻炼。开始说去山东钢铁厂当工人，后来正好当过河南省委第一书记的潘复生结束了在农场的劳动改造，被分配到全国供销总社当主任。潘复生战争年代担任过冀、鲁、豫解放区第一书记，当过我父亲的上级，他到我们家来看我父亲。他说不要到钢铁厂去。他建议我去河南国营的一个农场，他刚在那里劳动了四年。他说那个地方很好，有园艺场。当时我父亲很佩服他的农业知识：怎样种麦子，怎样种果树，栽培、嫁枝、嫁接等。于是决定让我去河南农场。

1962 年 9 月 6 日，这一天我们永远忘不了。我们全家开了家庭会议，决定让我离开北京。我奶奶我妈妈都不放心，我爸爸就说了：“别人饿不死你就饿不死。”我父亲从来不给人题字，但这次他给了我一个非常精美的笔记本，并在上面主动题了字：

“一遇动摇，立即坚持”。这个笔记本是我父亲1959年十年大庆时在全国劳模大会主席台上所获的“豪华”纪念品，很有时代特色。

9月7日，我就坐着火车，奔赴河南省西华县黄泛区农场。因为我都没出过门，哪儿也不认识，潘复生就派了一个他的警卫员陪着我下去。河南省西华县黄泛区农场，历史悠久，新中国成立前就存在了，是联合国救济总署留下的一个官办的农场。它占了十几万耕地，横跨扶沟、鄢陵、周口三个县。当时那个农场还属于农垦部管。我到了农场，领导问我愿意到什么地方去？我说到哪儿都行，服从组织安排。他说，那你就到园艺场吧，挨着厂部近，条件好一点儿。

我在这个农场，一待就是十年。我在农场学习种植苹果和葡萄等，也种过粮食和蔬菜和各种农作物。

我下去后不久，1963年7月21日晚8时，在人民大会堂召开了一个“北京市高等院校应届毕业生报告会”，报告人就是周总理。我父亲主持这个会议。上一届是陈老总给同学们讲过“红与专”的问题，这一次是周总理做报告，他讲的是学生毕业后的去向问题，其中有一段就是专门讲的下乡，里头有一段涉及了我。周总理说：今天这个大会的主席万里同志就把他的孩子

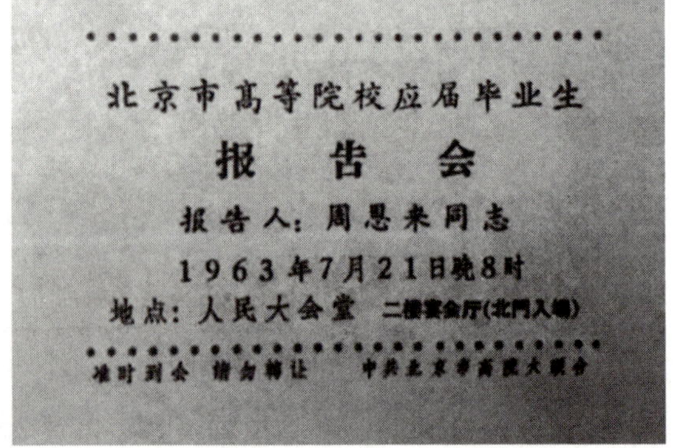

北京市高等院校应届毕业生

报告会

报告人：周恩来同志

1963年7月21日晚8时

地点：人民大会堂 二楼宴会厅(北門入场)

准时到会 请勿转让 [illegible]

北京市高等院校应届毕业生报告会（1963年7月21日）入场券。

送到乡下去了，很好吗，这是干部子弟的榜样，大家都要学习他。然后他跟我父亲交流了几句话，问我下放到什么地方？我父亲随后说：我还有几个儿子，等他们高中毕业，我还准备送到部队或送到工厂，我的儿子都要走工农兵的道路。

这个录音在全国都播放，传达总理指示，我们西华县里的高中、初中也播放了，1963 年的毕业生几乎都听到过这个录音，我也是这时听到的。

就这样，我一下子在全国就有名了。

周总理对我的表扬，在全国影响很大。首先中国青年报一个叫陈鹤翔的记者，反应最快，到河南采访我。1963 年 9 月 24 日，《中国青年报》在头版头条刊登了我的专访《市委书记的儿子参加农村生产——万伯翱在国营农场艰苦劳动　虚心学习不断进步》。当时在全国，报纸的影响很大，发行量都在一两百万份。我觉得这与周总理在大会上对我的表扬分不开。

左图是作者 60 年代的笔记本。作者在笔记本中的周总理照片页上写道“衷心祝您身体永远健康”（右图）。

《中国青年报》刊登了以后，《天津日报》、《河南日报》纷纷转载，新华社河南分社也专门来拍照片，我还参加了河南省上山下乡积极分子代表大会，采访我的人很多。人民日报社论也提到过我。我一下子就成了全国上山下乡知识分子的一个典型。大规模的学生上山下乡运动是到1966年、1967年以后。

周总理怎么知道我下乡的事呢？后来我才知道，那个时候我们家和廖公（承志）家的关系非常好，两家孩子们经常互相走动。廖公知道我下乡的事，然后他跟总理汇报工作的时候，就谈起来我下乡这个事儿。周总理就这样知道了我下乡的事情。

在此之前，我多次见过周总理。记得我上初中时，曾随父母一起去北京饭店参加过一次国庆节的联欢活动。那一次周总理和贺龙副总理也参加了。周总理穿蓝色毛料中山装，眉头舒展，好像刚喝过些酒，心情不错，显得满面红光，神采奕奕。有中央乐团乐队伴奏，周总理跳快三步，许多女演员和阿姨都排队，等着和周总理欢跳一曲。我二姑妈、大姑妈自己说她们都和周总理跳过舞。

1959年国庆10周年，我还握过周总理的手。那一年白天我参加完北京育才中学组织的游行活动，晚上，随父母登上天安门城楼。我先是和弟弟仲翔抢到前面握住毛主席的手，随后，我又和同学管汝胜在周总理接见完外宾后有空时，勇敢地跑上前，先致少先队员举手礼，然后说："周伯伯，您好！"上前握住了周总理的手。周总理只问了一句："在哪里读书呀？"他不知道三四年后的1963年，他在人民大会堂向首都大学生和留学生及高中生代表作报告时，当场表扬的被父亲送到河南农村务农的小伙子，正是我这个当年和他握手的孩子呢！

我父亲和总理感情非常深，那就不是一般的深了。我父亲调到北京工作，就是周总理给我父亲写的信。这封信大概意思是说，经国务院常委会的研究决定，你的工作就不要再变了。你说你新中国成立以后在国家建设工程部搞了八年工业，这次任北京市委书记处书记，在这个工作岗位上，你一样可以摸工业，还可以摸农业，还可以摸各种各样的工作，可以更好地锻炼自己，提高自己，这正是中央的希望。

1959 年我父亲到北京任职，主要就是先主持人民大会堂等十大建筑的建设，为庆祝建国十周年献礼。我听我父亲亲自讲过，那时候一个礼拜就得见周总理两、三次，因为十大建筑的总指挥是国务院总理周恩来，第一副总指挥就是我父亲万里。我父亲向总理汇报工作，有的时候在工地，但大部分时间在北京饭店谈工作，因为北京饭店离人民大会堂很近，那时候天安门是一片工地。周恩来对我父亲非常信任，有时候他们边谈工作边对饮茅台酒。

周总理不是一般的挂名总指挥，他管得很细致，从大会堂的设计到选址，到后来大厅和各厅柱子的颜色，灯的瓦数，甚至于大会堂多少大灯小灯，小礼堂多少座位，总理都要管，而且落实到位。

我父亲也不是特别外行，因为我父亲 36 岁任中央建筑工程部的第一副部长，他是中央建筑工程部调过来的，后来又任城建部首任部长，北京市的第一副市长兼市委书记。用我母亲的话说就是，你父亲给总理干活，给国家干活也非常卖力气。为了盖好人民大会堂，我奶奶都知道，我父亲掉了十斤肉。周总理和我父亲两次强调“百年大计，质量第一”。第二就是大跃进的速度，浮夸成风的年代，但是这个地方就不能浮夸，这个地方基础就得要牢，就是风雨不动安如山的这种大厦。我父亲后来很自豪地跟人谈话说，你看人民大会堂几十年了，风雨不动，1976 年的大地震都顶住了，连插销都不需要换一个。

人民大会堂建成以后，请了毛主席参观，毛主席大为称赞。后来周总理请傅抱石和关山月画大型国画，又请毛主席题写“江山如此多娇”，都是我父亲一手经办的。现在我到人民大会堂，还非常惊讶它的辉煌宏大。

在人民大会堂旁边建国家大剧院，是周总理很早就定下来的。当年有些领导要在这里建议会大厦、全国人民代表大会办公楼，都让我父亲顶住了。我父亲就说，这不是我的意思，这是总理的意思，一翻档案还真就翻出来了，档案里有我父亲跟总理关于建大剧院的谈话。总理和我父亲一致认为，一个国家要有文化，欧洲许多国家都有自己的国家大剧院，美国和欧洲都非常重视建大剧院，所以中国也要有自己国家的大剧院和国家图书馆。建国家大剧院之前，我父亲跟贾庆林谈过一次话：你看东边是人民大会堂，对面是中南海，中南海是皇家园林，不会落后，你再往东边看是天安门，天安门有 500 年了，也永远不会落后。我盖的人民大会堂，现在看起来也不落后，国家大剧院要盖成什么样呢？

那时候老爷子说，总理能喝酒，我也能喝，但是总理的要求很严，吃饭全掏钱。理个发他也掏钱，坐汽车去理发，要自己掏汽油费，喝个茶，给你搁上一毛钱、两毛钱，他就说这些都是我个人的事儿，他对自己要求最严。他就是这种全心全意为人民服务的人，他是动真格的。

他老家整修祖坟、祖屋，他又寄回去300多块钱，那时候300多块钱很值钱的。秘书给总理装修房子，后来总理不住。当时总理就说，我装修了，没花多少钱，但是下面的部长都跟我学，国家哪有那么多钱。我的父亲最后三十年就住在中南海，就是一直不装修，都破破烂烂了，屋顶和墙上都掉皮裂缝了。我父亲说，不能装修，这也是跟周总理学的。

周总理没有孩子，没有任何房产和金银古董，也没有任何存款。这些都是周总理的遗风，伟哉周公仆！开国总理，一代楷模。

周总理的礼貌待人是出了名的。周总理病重的时候，我父亲当铁道部部长，周总理每次跟我父亲谈完话走的时候，他都要跟我父亲握手道别。有一次在北海公园，我父亲在那里养病，一次和我母亲散步，见到了周总理。周总理跟我父亲握了握手，问问我父亲工作怎么样，鼓励我父亲几句。我母亲见状不敢上前，就在一旁等着。周总理说完话就走了，忽然又想起了什么马上返回来，专门走到我母亲面前，跟我母亲握手道别，还说："没有跟边涛同志握手，实在对不起。"这次他给我母亲留下了很深的印象。

他特别细心，这些细节很能体现一代伟人的作风，一个人的人格魅力，想起来就让人感动。

我父亲说过，有两个人对他影响最大，一个是周恩来，一个是邓小平。邓小平有果敢有力的工作作风，周总理有艰苦细致的工作作风，以及坚定的政治方向，我父亲跟这两位伟人学了一辈子。

1966年的12月1日我父亲被江青点了名，就被抓了。我听说周总理说过：万里同志看来现在很难保住你了，现在你先进去吧，将来我们再用起重机给你捞出来。

1975年四届人大的时候，由周总理组班子，邓小平主持国务院工作，大部分都是他的爱将任各部部长，有意思的是他们所管的部门跟自己的名字都有些关系，叶飞的交通部长，交通就是要飞快；万里的铁道部长，火车一日万里；沙风的农业部长，农业就是要刹住风灾；钟夫翔的邮电部部长，邮电也是要通过电波在空中飞翔。还有六机部部长边疆和七机部部长汪洋，都和他们的工作部门有关系。

是周总理力荐我父亲当铁道部部长的，当然毛主席也点头同意。当时的铁道部非常重要，比现在要重要多了，因为当时航空业不发达，没有一条高速，公路也有限。人家当时说了铁道部是仅次于军队的那样一个高效运输系统。铁路是整个中国的动脉。可没想到过一年我父亲又被打倒了，那时候叫“宁要社会主义的晚点，不要资本主义万里的正点”，很荒谬。

1976年1月，听到周总理病危的那天晚上，我父亲就没睡着觉，老泪纵横。1月8日周总理去世那天，我们全家都没吃饭。

那时候我都已经上大学了，我上大学毕业以后分到郑州炮院，由于“四人帮”捣乱打击走资派，所以领章帽徽一直没有发下来。我还是受到反击右倾翻案风牵连了。

清明节我在部队，那时候我不能到北京去，我就到了郑州二七广场，各省会及大城市各个广场都有人悼念周总理，因为人民对周总理感情很深。后来我看电影，十里长街送行周总理，我也哭了。那时候全国人民都哭，而且都是非常真挚的感情流露。

这些年我一直搞体育工作。说起周总理和体育界人士的故事，就更多了。他在家里招待世界冠军有好多次。

乒乓球是国球。是周总理十分喜欢的体育运动，也是他锻炼身心的主要运动。周总理和女子世界冠军郑敏之过招，还提醒她："认真点，不要看不起我呀！"我保留了一张纪念周总理逝世一周年从《人民画报》上剪下来的他打乒乓球的照片。女子单打世界冠军邱钟惠曾对我说，周总理生前她曾见过23次，有三次是去周总理家做客。周总理对乒乓球非常关心，当时的乒乓球运动员无论男女和他们的教练们，他都非常熟悉，都能一一叫出名字来，他还经常去观看国家队的比赛。当时贺龙主管体育，经常拉着周恩来到体育报社这个院来。如果不是周总理的支持，中国体育搞不了这么好、这么快，这都是周总理打下的坚实基础。当然毛主席上个世纪50年代中期的题词"发展体育运动，增强人民体质"以及他一贯重视体育和以身作则到大风大浪中去游泳锻炼，对整个中华民族的素质都是强有力的推动！

# 在周总理的关爱下成长

章百家
中央党史研究室原副主任、章文晋之子

我的父母长期在周恩来同志领导下工作，我因此见过他很多次，出生后不久就见过，不过我那时还没长记性，是听我父母说的。我父亲章文晋是周总理亲自培养的新中国第一代外交官，母亲张颖长期在周总理直接领导下从事文化工作。我也是在周总理的关爱下长大的。

我是 1948 年 1 月出生的。那时，父母随中央后委从延安撤出，东渡黄河后，我出生在山西临县三交镇。带着刚出生的孩子随大部队行动不便，父母和我只好在这里暂住。大约两个月后，周副主席随总部机关到达三交，听说我母亲生了孩子，就带着发给他的奶粉和一些营养品来看我们。几个月后，我们一家三口平安抵达西柏坡，一路艰辛。有一次，驮着我的毛驴从一座独木桥上掉到河里，装着我的驮筐顺流而下冲出几百米，幸好河水不深，又被河中的一块石头挡住，我才捡了一条性命。那时，我母亲奶水不足。一到宿营地，警卫员就到处打听，看哪家有奶孩子的，就把我抱过去喂一下。到西柏坡后，我们又见到周副主席和邓颖超同志。他们看到我非常高兴。周副主席说，这孩子生下来的时候那么瘦弱，以为活不了啦，没想到现在长得很好。看来新生事物是不可战胜的。邓妈妈说："过去小孩子生下来要穿百衲衣，这孩子是一路吃百家饭长大的，就取名叫'百家'吧。"她老人家的意思是要我不要忘了人民的养育之恩。

见到周总理而且留下深刻印象，是我到了七八岁的时候。1956 年 3 月 5 日，周总理在家中设宴招待张学良的胞弟张学铭等一些民主人士。因张学铭是我父亲的姨夫，父母带着我也参加了。很久以后，我们才知道那天是周总理的生日。我记得，那天的气氛很轻松，总理让我坐在他的腿上，很是开心，还答应送我一盒苏联的巧克力糖。不过，午宴时大人们逗我喝了些葡萄酒，甜甜的，我一下就醉了，出了洋相。结果，父母很狼狈地把我带回家。过了几天，总理让秘书来看我，还把那盒巧克力糖送来了。总理这么忙，还没有忘记答应一个小孩子的事。

这年秋天，缅甸总理吴努来华访问，带着夫人和孩子。缅甸大使馆举行了一次联欢会，也邀请一些中国孩子参加。几天后，毛主席在紫光阁宴请吴努一行，包括他的夫人和孩子。中方也安排了一男一女两个孩子作陪客。我有幸参加了这两次活动，不仅又见到了周总理，还第一次见到毛主席。

我在史家胡同小学上学期间，多次到首都机场给来华访问的外宾献花。这类活动由团中央负责组织，轮流交由几所小学选派少先队员参加。这使我有更多的机会见到周总理。大约是 1959 年，胡志明来中国访问，我去献花，这是我少年时代最后一次见到周总理。以后，我上中学了，很长一段时间没有见过周总理。不过，在家里经常听父母用总理的话或故事来教育我们。

周总理十分重视干部子女的教育问题，还专门同外交部的干部谈过这个问题。记得有一次爸爸回家告诉我们，周总理说，干部子弟不要有优越感，尤其不能搞特殊化。干部子弟的家庭条件比一般家庭好得多，你们唯一可以不一样的地方就是更严格地要求自己，更努力地学习，在各方面的表现比别人更好。在我青少年时代，这一直是一种鞭策。

我还记得父亲给我讲过的一件事。解放战争时期，一次周副主席让我父亲写了一篇抨击国民党的发言稿。写好后他很快看了一遍，并不满意，然后指点说：一个猎手的好坏，不在于他一下子打出多少发子弹，而在于他是否能一枪中的，命中靶心。这个故事对我很有启发，使我在后来的研究和写作中受益匪浅。

我母亲在总理身边工作，感受最深的是他的民主作风。母亲多次讲起一个故事。在重庆八路军办事处，一次周副主席召集开会，讨论一个问题。他讲完之后请大家发表意见，与会者都说同意。结果，周副主席发了脾气。他说，我让你们讨论就是要听不同意见。你们的意见可能对，也可能不对，我可能接受，也可能不接受，但这些意见都会帮助我思考，完善我的想法，使我们的工作做得更好。这个故事，我牢记至今。

我高中考上了清华附中。那里是红卫兵的发源地。“文化大革命”初期，我的思想比较“落后”，在一张“保校领导”的大字报上签了名，所以参加红卫兵比较晚。运动初期，周总理的讲话我有两个印象比较深。一次是清华大学贴出了“打倒

1973年10月，周恩来与访华加拿大总理特鲁多（右四）一行在河南洛阳龙门石窟合影，这是周恩来最后一次陪外国客人到外地参观。左一是章文晋。

刘少奇”的大字报，总理说中央没有公开指示，不要贴这个大字报。稍晚一次是在领导干部普遍受到冲击后，听说总理告诉干部子弟，在自己的父母受到冲击时要回避，不要介入。我想，这也是对干部子弟的一种保护吧。此后，我就很少参加红卫兵的活动了，在家练手风琴，而且在京城里还有了点小名气。1968年底，我到山西插队。两年后，凭这一技之长考取了总政歌舞团。这时我父亲也恢复了工作，回到北京参加中苏谈判。

1973年9月，我父亲奉调到加拿大当大使。临行前，总理说要见我们一家。那大约是8月底或9月初一个星期天晚上，天气闷热。父母带着我们兄妹四人如约来到西花厅，邓妈妈在门口迎接我们，总理在外开会还没有回来。我们坐着聊了一会，总理带着满脸倦意进来了。他看着面容消瘦，但我们并不知道他已得了癌症。母亲说，总理这么忙，还抽空见我们，影响您休息了。总理说，跟你们聊天就是休息。然后，他先和我父母坐在一起，听取我父亲汇报去加拿大的工作的准备情况。我们四个孩子坐在客厅的另一边等候，他们说的什么我们完全听不到。后来，母亲告诉我们，总理当时叮嘱：现在国内国外情形都很复杂，到了新环境，既要有所作为，又要小心谨慎，多请示汇报，不能凭老经验办事。随后，大家才坐在一起闲聊起来。

总理问我在做什么？我说在总政歌舞团。总理就问了好多团里的情况。他对总政歌舞团很了解，也很有感情。他问起自己熟悉的演员、作曲家、指挥现在是不是还在团里？近况如何？又说起他最喜欢的歌曲、舞蹈，问这些节目还演不演了？为什么不能演？兴之所至，总理还对几位作曲家的风格做了一番评论，他喜欢某某的歌曲，某某的歌曲他觉得不太好听。评论之后，他特别说明，这只是他作为听众的个人喜好，叮嘱我千万不要把他的这些评论传出去。谈到这些，总理显得挺开心，但又不无惆怅地说：现在文艺界的事情我是不好管了。

回想起来，这次谈话如同一家老少的难得一聚。总理提起民国初年的往事，也说到“文化大革命”；谈老年人，也谈年轻人。总理从我曾外祖父朱启钤一个清末翰林的保皇派，谈到当时另一个著名的保皇人物杨度，并以其晚年加入中国共产党的例子说明，一个人一生思想是可以有很大变化的。他告诫我们，作为青年人千万不要保守，青年人保守了，中国就没有希望。总理还说，“文革”开始的时候有一个口号，叫“敢想，敢说，敢闯”。他认为，对青年人还应该提倡敢想敢说，但不能乱闯。

然后，他又说：现在，人们已经不怎么敢说了；不过，人的思想总是无法禁锢的，想还是要想的，只是不说罢了。

总理又谈到青年人的恋爱和婚姻，他问我有没有女朋友？我说还没有。总理说：青年人在谈恋爱时要多交一些朋友，多了解一些各方面有所不同的人，不要一下子就把恋爱关系确定下来。他还说，对青年人的婚事，父母不要搞包办代替，不要干涉太多。但年轻人也要征求父母的意见，尊重父母的意见，老年人的阅历总是更丰富一些嘛。

出门的时候，总理突然对我父母说，毛主席的思想很高深，我们常常跟不上。毛主席认为，现在苏联已经变修了，将来世界革命要寄希望于美国人民。

当时我们没有相机，家里原有的一架在“文化大革命”初期上交了，因此也没能和周总理合影留念。这不能不说是个终身的遗憾。

后来，我们才知道，那次见我们全家时周总理不但身体已很不好，而且处境日趋艰难。对于“文化大革命”，周总理虽然从未公开表示过反对意见，但他内心一定有看法，特别是到了运动中后期。后来，孙平化的儿子告诉我，1972 年中日建交后，有几个日本友好团体来中国访问，周总理与他们会谈。之后，公明党委员长竹入义胜在私下向周总理表示了对于“文化大革命”的疑虑和否定。在分手时，总理悄声对他说：“中国不会永远这样下去的！”

1976 年 1 月 8 日，周总理逝世。那天晚上，我父母恰好从加拿大回国述职，一到北京便听到这个他们最不愿听到的噩耗。虽然讣告到第二天下午才发布，但不少人都提前得知。我记得 9

日早晨，我的同事和好友李德伦的儿子来到我的房间。我们相对无言，只是流泪。

“文化大革命”结束后，我考上北京大学历史系。毕业后长期从事近代史研究和中共党史研究，特别是外交史研究。我因此对周恩来的一生和他的事业也有了更多、更全面的了解。作为一个研究者，我认为周恩来是近现代以来中国和世界舞台上的一位伟大政治家。他是一位具有坚定的理想信念、经受过严峻考验的革命者，同时又是一位为中国悠久的历史文化传统所熏陶出来的领导人。

在亲身接触中，我体会最深的是他的教养和魅力，其突出表现是具有仁爱之心，善解人意，大爱为民。中国的老一辈革命家和领导人很多都具有人格魅力，但各有不同。我认为，周恩来的魅力与他的教养分不开，而他的教养突出表现在对于他人的尊重和关怀。与周恩来有过接触和交往的人，无论是外国政要、友人，还是国内的干部、群众、大人、孩子，印象最深的往往是他对别人发自内心的关爱，而这种爱具有穿透人心的力量。所以，作家冰心曾说，周总理是付出爱最多的，所以他得到的爱也是最多的。近代以来，中华民族经历了一个伟大的革命时代，但我们很少去思考革命、道德与人性之间的关系。而周恩来恰恰能在这个方面给我们以启示。他一生经历了那么多冷酷无情的斗争，在极其复杂的环境中仍能保持人性的常识，始终富有人情味。我以为，在周恩来身上所体现的那种人性的光辉是跨越时空的。

# 思念的泪花依然晶莹而年轻

钱文忠
复旦大学教授

1976 年年初，我还不满 10 岁，那一年我第一次知道我的父亲居然会哭。那一晚，父亲坐在床沿，捧着报纸。口中低声念着，泪流满面，泣不成声，这一幕让我震惊，也因此深深地镌刻在我的记忆里。

在那个年代，10 岁已经是懂事的年龄，我当然知道敬爱的周恩来总理去世了，举国同悲，这一份沉重得不堪负载的哀痛令人窒息，充塞弥漫了神州大地。今天的人们也许很难想象，当时，竟然有人限制，甚至干脆禁止悼念活动。父亲所在的上海市一家进出口公司的员工不顾禁令，自发地举行追悼会，推举担任公司领导的父亲恭念悼词。几乎一整夜，父亲就这样呜咽着，一遍又一遍地念着。而我，就站在父亲身边。

就在那一夜，我懂得了，只有能够唤醒人民心中最深沉的爱和感情的人，像周恩来这样的人，才是真正的一代伟人。后来，我长大了，走过国内外许许多多的地方，认识了各式各样的人，只要谈起周恩来，所听见的就都是敬佩，所感受到的都是热爱。究竟是什么样的人，才能让人们对他的思念如此的历久弥深？

一本是由周恩来的侄子周尔均和周恩来研究专家廖心文担任顾问，周尔均夫人、电视艺术家邓在军主编的《你是这样的人——回忆周恩来口述实录》。这是一本久为大家期盼的迟来的书。大约在20年前，为了纪念周恩来诞辰100周年，邓在军发起筹拍大型电视艺术片《百年恩来》；后来，邓在军又执导了纪念周恩来诞辰110周年的大型文艺晚会《你是这样的人》。邓在军和她的团队采访了几百位和周恩来有过直接交往的国内外各界人士，作了近400份翔实的记录。这本书就是从中选出的63篇，按照所谈内容的历史顺序，加上几十幅珍贵的照片，精心编纂而成的。邓在军满怀深情地写道："周总理一生清正廉洁，身后没有半点个人遗产，却给我们留下了更为宝贵的精神财富：他的人格力量，他的思想情操，他的道德风范。今天，当我们追溯岁月的长河，清点这笔不朽的遗产时，更加意识到：时间可以流逝，大地可以荒老，只要人类还在生生不息地延续，周恩来精神——这笔具有特殊价值的财富，就永远值得我们每一个人珍惜和继承。"

我想着重谈的是另一本邓在军的著作《海棠花前·绽放的记忆》。在超过半个世纪的电视艺术生涯中，邓在军编导制作了各类电视节目，其中有很多是标志性的。《海棠花前·绽放的记忆》是她的自传。但是，书名已经告诉我们，这又不是一本通常意义上的自传。因为，作者自己在前言里已经说明："熟悉我的人都知道，海棠花的确是我这辈子的最爱"，"但是海棠花给我留下最刻骨铭心的记忆，还因为她是中南海西花厅里一道美丽而独特的风景线，是周恩来和邓颖超生前最为钟爱的。”

书中述说了周恩来是一个内心对中华民族古老的悠久传统充满温情的长者，是一个毕生恪守优秀传统文化的谦谦君子。我们在书中看到，1939 年春，周恩来借扫墓祭祖之名考察抗战情况，检查新四军工作，回到了祖籍绍兴，在祖祠亲笔续写家谱。我们在书中看到，周恩来在赴欧勤工俭学初期以及抗战时期写给周尔均之父周恩霔的亲笔信，一笔工整娟秀的楷书，提及尊长一律空格或抬头换行。在一桩一件真诚的记录中，我们看到了，周恩来对中华民族道德、伦理与价值的坚守。

书中述说了周恩来是一个内心对晚辈和孩子充满关爱的长者。周恩来养育了好几位烈士的子女，这绝不是一般意义上的抚养，而是对他们怀着极其深沉的情感的。邓颖超在写给养女孙维世的信中落款“你爱的爱你的妈妈”，谁能够不为之而感动呢？

这本书里满是这样不为外人所知的，却又是极其珍贵的“小事”，然而，难道不正是这些“小事”，更能说明周恩来正是“这样的人”吗？这是一个真实的人，一个真正的人，一个内心饱含爱和感情的伟人。周恩来的丰功伟绩早已铭刻在人类的历史中，当然也见诸《海棠花前・绽放的记忆》。然而，我却想，这些充满温情的“小事”，哪里会比那些“荦荦大者”逊色呢？

时代在前行。我们对周恩来“这样的人”的理解和认识也必将随着时代前行。周恩来一生的伟大贡献和业绩决定了他是当之无愧的伟人；同时，“非常有魅力，极其了解人类”（基辛格为《百年恩来》题词）的周恩来更是一位当之无愧的圣人。

感谢邓在军写就了这样一本厚重的好书，让我们对周恩来的缅怀有了更深的人性依托。我在第一时间有机会拜读了《你是这样的人》与《海棠花前·绽放的记忆》，通宵读完，不忍释卷。第二天，我将它们送去给我的父亲，并且让他先看我最感动的那些“小事”。我看见，他的眼角湿润了。父亲老了，但他眼角漾起的泪花依然晶莹而年轻。

我们这个古老的民族对周恩来的思念注定也是这样的晶莹而年轻。

专访：吕正操讲述周恩来与西安事变

# “铁3号”的记忆——一座洒满周恩来温暖的院落

廖心文
中央文献研究室原周恩来研究组组长、
周恩来思想生平研究会名誉会长

在北京东城张自忠路路北，紧挨着著名的段祺瑞府旁有一座院落，院门为近代砖拱门楼，酱红色的大门虽经刷新但仍有些斑驳，给人留下历史的回味。1986年，这里被列为东城区文物保护单位。

这座院落现在的门牌是张自忠路5号，当年叫铁狮子胡同3号，简称“铁3号”。

铁狮子胡同3号院

院门外的左墙壁上有一块牌子，牌子上说明这里是我国杰出的戏剧艺术家、戏剧教育家和中国话剧奠基人之一、中央戏剧学院第一任院长欧阳予倩的故居。这块牌子，常常引得路人停下来读一读上面的文字，再好奇地向院内张望一番。

这座院落之所以有名，还因为这里是名人荟萃的场所。著名戏剧家曹禺、作曲家光未然、著名导演和表演艺术家孙维世、金山夫妇等都曾在此寓居。欧阳予倩几十年的挚友中国话剧的开拓者田汉、著名京剧表演艺术家梅兰芳等也都是这个院子里的常客。

小时候我曾经在这座院中居住过，或许因为当时年纪太小，所以对这座院子没有留下太深的记忆，但记住了这几位著名的文化名人。参加工作后，我开始从事周恩来研究，才惊讶地发现，这座院子里令人仰视的文化名人，都享受过周恩来的温暖。我不知道周恩来是否来过这座小院，但他的关爱如阳光般洒满了这座院落，洒在了这几位著名的文化名人身上。

## 一、欧阳予倩

在新中国成立前后和1956年知识分子会议召开前后，有一大批知识分子从海外归来，其中包括著名的戏剧家欧阳予倩和曹禺等人。

欧阳予倩是湖南浏阳人，说起话来，乡音未改。

1949年欧阳予倩应党的邀请从香港回到内地。4月9日，他和文化界民主人士、新闻界的萨空了、金仲华及音乐家马思聪等，由天津抵达当时还称为北平的北京。4月21日，欧阳予倩参加了解放区戏剧电影工作者与来自国民党统治区的戏剧电影界人士举行的联欢会，相互交换戏剧电影经验。那天，周恩来来看望大家，并且发表了讲话，指出了解放区和国统区戏剧电影工作者两支大军汇合的意义与作用，并号召戏剧电影工作者到工厂、农村和人民解放军中去，创造为广大劳动人民所喜爱的作品。周恩来的讲话，使包括欧阳予倩在内参会的所有文化界人士沐浴到党的温暖和新中国的温暖，也使他们明确了努力的方向。

初到北京的欧阳予倩十分繁忙，参加文化界迎接新中国诞生的各种活动和会议。其中最重要的一件事是参加了周恩来领导下的新政协筹备会。新政协筹备会常务委员会主任是毛泽东，副主任是周恩来、李济深、沈钧儒、郭沫若、陈叔通。筹备会下辖 6 个小组，周恩来兼第三小组组长，负责起草《共同纲领》。欧阳予倩参加了第 6 小组，组长是马叙伦，副组长是叶剑英，成员还有张奚若、田汉、沈雁冰、马寅初、郑振铎、郭沫若、翦伯赞、钱三强、蔡畅、李立三、张澜、陈嘉庚。这个小组负责拟定国旗、国徽和国歌的方案。7 月 6 日，欧阳予倩又应邀出席了中华全国文学艺术工作者代表大会，再一次见到周恩来，并亲耳聆听了他的报告，深受教育。

12 月 18 日，周恩来主持的政务院第 11 次政务会议任命欧阳予倩为中央戏剧学院第一任院长。这时，欧阳予倩携全家已经搬进“铁 3 号”，他在这座院落一直住到 1962 年 9 月病逝。

那时，大家都尊敬地叫他“老院长”。在我们这些孩子眼里，他慈眉善目、平易近人，是一位慈祥的爷爷。

欧阳予倩和周恩来的经历有些共同的地方，如他们年少时都曾留学日本，接受了西学和民主爱国思想的影响。新中国成立以后，周恩来会见日本文化界朋友时都请欧阳予倩作陪，并经常派欧阳予倩组织文艺代表团赴日本演出，进行文化交流。日本著名芭蕾舞演员松山树子和清水正夫夫妇是他们共同的朋友。欧阳予倩在周恩来的引领下，为中日民间外交作出了独特的贡献。如他们两人都喜欢戏剧，都曾在话剧舞台上扮演过女角色。共同的爱好，使他们有很多共同语言。欧阳予倩的创作得到周恩来的支持。

欧阳予倩于1889年出生，比周恩来年长九岁。周恩来对欧阳予倩十分敬重。1939年，周恩来到皖南视察新四军途经桂林时，受到桂林文化界包括夏衍、田汉和欧阳予倩等一百多人的欢迎。当时，欧阳予倩的话剧在国统区影响很大，体现了中华民族的抗争精神和勇气。他的名作《桃花扇》锋芒指向的就是汪精卫汉奸政府，以及在外敌面前不予抵抗的腐败残暴的反动势力，激发了国统区人民的抗日热情。欧阳予倩曾说：他写此剧“影射时事在所难免，而且有些地方可能过于夸张。”周恩来十分欣赏他的爱国之心和勇气，还有他的创新精神。新中国成立后，《桃花扇》又出现在话剧和京剧舞台上，对《桃花扇》的主人公侯朝宗的刻画，学界有不同的看法，周恩来没有就戏的人物定位发表看法，而是对欧阳予倩的勇气予以肯定，他说：“欧阳老到晚年还给侯朝宗翻案，很有勇气。”

对创作中的不同意见，周恩来总是真诚地提出自己的看法。1957年9月，北京人民艺术剧院为了纪念话剧运动50年，演出了欧阳予倩、田汉的《潘金莲》和《名优之死》。对《潘金莲》的人物定位，人们有着不同的认识，有人认为他是为潘金莲翻案。欧阳予倩说：“我并没有为潘金莲翻案，我只是想起不合理的婚姻制度、封建道德的束缚，有钱有势的男人对女人的压迫蹂躏，可以造成罪恶的悲剧，我不过是想借潘金莲这一人物描绘一下这一矛盾罢了。”

周恩来对这个剧也十分关心，他对田汉说：“欧阳老当时这么写是可以理解的”，“作者之意在于同情被压迫的妇女，在写反封建的戏。”

同时，周恩来也表达了不同的意见。他指出：这样写《潘金莲》不合适，认为创作“要选真正的典型”，而“潘金莲由反抗到堕落”，“与西门庆通奸，杀害无辜的武大郎，如果同情潘金莲，就成问题了”。周恩来说：“《潘金莲》有毛病，我看后一晚未睡觉，甚至想到怎样修改。但很难改，有很多矛盾不好解决。我们的戏曲从来就是同情被压迫的女子，如王宝钏、白娘子、祝英台、穆桂英，因而带有人民性、进步性。有些人物是典型，值得同情，但潘金莲这个典型没有找对”；“这戏与今天的时代不合”。

周恩来在小范围内谈了自己的意见，请田汉向欧阳予倩转达了这些意见。周恩来还特别嘱咐：“不要登批评意见，如果欧阳老自己愿意写，有时间写，也可以写一篇，不写也可以。”

欧阳予倩一生追求进步，在党的影响下，始终坚持进行进步的文化艺术活动；始终秉承“旧的艺术要批判，新的艺术要发展”的创作主旨和方向，对新中国文化事业的发展作出了重要贡献。

1955年6月，欧阳予倩光荣地参加了中国共产党。1961年，他被诊断出患有心脏病，此后，他一方面坚持工作，另一方面同病魔作斗争。1962年8月2日，他病重在阜外医院住院期间撰写的《追念梅兰芳同志》一文中写道：“梅兰芳同志晚年极力争取多演出。他曾对尚小云同志说：‘尽量多演吧，千万不要搁下。多为观众服务才对啦。’”其实，这段话也表达了他自己的意愿。

一个多月后，欧阳予倩病逝，离开了他的亲朋好友，离开了热爱他的广大观众和学生。欧阳予倩的灵堂设在首都剧场大厅，灵前两侧和周围，陈列着周恩来等党和国家领导同志以及首都各机关、团体、艺术院校等赠送的花圈和挽联，表达了对他的悼念之情。欧阳予倩的灵柩移至公祭灵堂之前，周恩来、周扬、齐燕铭等还曾去医院亲视入殓，做最后的告别。

对欧阳予倩的去世，周恩来感到十分惋惜。舞蹈家赵青回忆说：“困难时期，我膝盖坏了，总理知道后，在北京饭店的舞会上把夏衍公找去（当时他是文化部副部长），还有当时艺术局局长周巍峙同志，大发脾气，当着那么多文艺工作者说：‘我们死了梅兰芳、欧阳予倩，感到十分可惜，可活着的艺术家，我们都不去关心爱护吗’？”赵青感慨地说：“一位总理心中国家大事又有多少啊！可对一个小小演员的一点点小事却这么无微不至地关怀啊！难道不让人们感叹吗？”在周恩来的心中，像欧阳予倩这样的艺术界前辈是祖国的财富、中华民族的财富。

## 二、曹禺

曹禺是“铁 3 号”的又一位文化名人，那时，幼小的我叫他“曹禺伯伯”。曹禺是湖北人，和我家是“老乡”。我记得小时候曾跟父亲去过他家，曹禺夫妇待人很热情，印象中他的女儿万方和万欢那时都剪着娃娃头，很可爱。我们，还有欧阳老的外孙女田园园曾在小院的花坛里做过游戏。我家搬走后，就再也没有见过她们，万方写的《空镜子》播出后，我开始关注她的作品。

曹禺，在戏剧创作上是“大器早成”。如邓颖超所评价的：他“从青年时，就是一位才华出众的剧作家”。他青年时代写出的《雷雨》以及后来的几部有影响力的剧作《日出》、《原野》、《北京人》等，曾感染了一代又一代观众。1946 年曹禺和老舍同时接到美国国务院的邀请经上海赴美国讲学，后来在周恩来的邀请下，先后回国。1949 年，在中共地下党组织的保护下，曹禺顺利回到北平，投身到建设新中国的伟大事业中，为新中国戏剧事业的发展作出了重大贡献。

曹禺和周恩来也有着相同的经历和爱好。他们都曾经在天津南开学校读书，中学时代受到相同校园文化的教育和影响。周恩来、邓颖超和曹禺一样，都热爱话剧，1990 年，邓颖超在祝贺曹禺从事戏剧活动 65 周年时给他的一封信中专门写道：“我在青少年时期同已故恩来同志，就热爱戏剧并有小小的尝试，这是我们俩的共同爱好。”他们相识也得益于对话剧的热爱。邓颖超曾经对曹禺说过：“我们相识了几十年，相识是由你的创作作为桥梁的”。

据专家研究，话剧艺术是从国外移植来的，有两条渠道：一条是 1907 年春柳社从日本将话剧移植到中国，在上海一带流行；另一条是以南开学校校长张伯苓为首的南开新剧团把话剧从欧美移植到我国，在天津一带流行。因此，中国天津南开区成为我国话剧运动的重要发祥地之一。

1913 年，周恩来进入南开学校学习，在学校参与组织并建立了“敬业乐群会”，南开新剧团成为其中的组成部分。周恩来在南开学校学习期间，积极参加剧团的活动，因为当时不能男女同校，留给人最深的印象是他在剧团演出时男扮女装，并且扮相格外俊俏。在校期间，他先后参加了《一元钱》《恩怨缘》《老千金全德》《华娥传》《仇大娘》《一念差》等10多个新剧的编导和演出。他不光演戏，而且参加改编剧本、写剧评，发表了很多令人耳目一新的观点。如他1916年在《校风》上发表的《吾校新剧观》一文提出：解决中国“昏聩愚顽”状况的办法，“舍通俗教育无由也”，而新剧则是普及这一教育的“最要之主旨”。主张新剧应达到“纵之影响后世，横之感化今人”的效果，以使“民智开，民德进”。这段历史，使周恩来对戏剧和戏剧界的朋友有一种特殊的感情。夏衍曾这样说过：“周恩来同戏剧界来往，这同他在南开的话剧活动有关。他有空就看戏，看完到后台同演员谈话。我们看他疲劳，他却说：‘这才是我的休息，回家还是看公文’。”“这是真正的一个人，不是天上的神，合乎人情。”

曹禺比周恩来小12岁，入南开学校上学时，周恩来已经远赴欧洲寻求救国真理。他进校后就加入了南开新剧团，和周恩来一样，他多半扮演女角，头一次是扮演易卜生《国民公敌》中的女主角。他的名著《雷雨》和《日出》，就是在天津深入生活的基础上创作出来的。他曾深情地说：“我很留恋青年时代在天津的这段生活。我从15岁至今，一直从事戏剧工作，南开新剧团是我的启蒙老师。”

周恩来非常喜欢看曹禺的戏，抗战时期在重庆时，凡是曹禺的剧本演出，只要有空，他就和邓颖超一起去看，是曹禺的忠实观众。几十年后，周恩来和邓颖超谈起当年观看曹禺的戏，还是记忆犹新，回味无穷。周恩来说：“我在重庆时对曹禺说过，我欣赏你的，就是你的剧本是合乎你的思想水平的。”他还说过：“我是热爱他作品的一个，推荐他作品的一个。”

新中国成立后，周恩来非常关心曹禺的创作，经常到曹禺任院长的北京人民艺术剧院看戏或座谈，和大家一起探讨剧本。

1954 年 2 月的除夕之夜，周恩来到人艺看曹禺在新中国成立后创作的第一部话剧《明朗的天》。这部剧他看了好几遍，“每次都受感动”。散场后，他在曹禺等的陪同下到后台看望演员，并了解剧院各方面的情况。他语重心长地讲了一些意见，说：“无论编剧还是演员，只有体验了生活，才会出现有生命的东西，要体验，就要花工夫。”

他特别提出要重视培养年轻人，“要珍视青年的力量，国家各个方面都需要人”。当时，文艺界正在开展《红楼梦》问题的学习，检讨各方面工作。周恩来问曹禺学习的情况，曹禺说：群众提了意见，正在准备检查报告。周恩来说：“希望你的检查报告放出一点光彩来，你是院长，你要做自我批评，也敢于批评别人，要起个带头作用，过去做得不够，可以赶上的。”

周恩来结合自身的经历继续说道：“我是兼外交部长的，自 1952 年年初到现在 3 年了，外交部要我去做报告，总是没有去，官僚主义也很厉害了，后来下定决心去了一趟，一报告就是 3 个钟头，批评了我自己，也批评了别人，也谈到了思想问题，就很有作用。你在剧院的时间，总比我在外交部的时间要多吧，报告还是可以做的，告诉我，我要来听的。”

或许，因为和曹禺比较熟，临走前，周恩来略带玩笑地嘱咐："可不要我出国或开会的日子来做报告哦。"[①]

后来，曹禺根据周恩来的指示做了检查报告。

1958年"大跃进"以后，党在指导思想上发生的偏差影响到各个方面，其中也包括文艺方面。用周恩来的话说，文艺上的缺点错误表现在："打破了旧的迷信，但又产生了新的迷信。""新的迷信把我们的思想束缚起来，于是作家不敢写了，帽子很多，写得很少，但求无过，不求有功。"在这种形势下，像曹禺这样的作家思想上十分苦闷。周恩来对这些情况都十分了解，也做了很多努力试图纠正，但直到1962年年初"七千人大会"的召开后，文艺界左的局面才开始得到纠正。

1962年2月17日，周恩来在中南海紫光阁召开的在京话剧、歌剧、儿童剧作家座谈会时专门讲到这些问题，并以曹禺为例讲了一段话："曹禺同志是有勇气的作家，是有自信心的作家。大家很尊重他。但他写《胆剑篇》也很苦恼。他入了党，应该更大胆，但反而更胆小了。谦虚是好事，但胆子变小了不好，入了党应该对他有好处，要求严格一些，但写作上好像反而有了束缚。把一个具体作家作为例子来讲一下有好处。所以举曹禺同志为例，因为他是党员，又因为他是我的老同学、老朋友，对他要求严格一些，说重了他不会怪我。过去和曹禺同志在重庆谈问题的时候，他拘束少，现在好像拘束多了。生怕这个错、那个错，没有主见，没有把握。这样就写不出好东西来。没有主见是不好的，主见要从实际出发，否则是谬见，是主观主义。但要有主见，现在主见少了。"周恩来还说："曹禺

① 周恩来到人艺观看《明朗的天》后到后台同演员的谈话记录（1954年2月）。

同志，今天我讲了你，你身体也不好，不要紧张。”

这里，周恩来多次称“曹禺同志”。这是因为曹禺在 1956 年已经加入中国共产党，他们是真正的同志关系，志同道合的朋友。周恩来的讲话使曹禺十分感动，他事后说：“总理对我的批评，我听了心中热乎乎的，我毫无紧张之感，感觉如释重负。”

1996 年曹禺去世，与周恩来去世相隔整整 20 年。这 20 年间，中国进入改革开放新时期，曹禺继续发挥着他的作用，他曾说：“中华民族正处在全面振兴的伟大时期，这个时代是产生巨人和史诗的时代，是创造文艺辉煌的时代。”“面对党和人民的期待，面对时代和历史的重托，我们要用赤诚的心、真挚的情、多彩的笔，向党作出回答，向人民作出回答，向时代作出回答，向世界作出回答。”①

这也是曹禺对周恩来的回答。

## 三、孙维世

在“铁 3 号”院中，我印象中有一位阿姨特别漂亮，用现在的语言叫有些“时尚”。这个漂亮且有些“时尚”的阿姨就是孙维世。孙维世曾在苏联深造，学习表演和导演，是新中国成立后第一批著名的话剧导演。住在“铁 3 号”院中的孩子有个优越条件，就是从小可以到剧场看话剧，我小时候就看过由孙维世执导的著名话剧《保尔·柯察金》，给我留下了深刻印

① 《人民日报》1996 年 12 月 28 日。

象。保尔成为我一生崇拜的偶像。

我在研究周恩来档案的过程中才知道了她和周恩来、邓颖超的关系，才知道了“文化大革命”中她的悲惨遭遇。

周恩来没有亲生子女，但对所有革命的后代和烈士子女都给予了无私的父爱。从周恩来和邓颖超的通信集中看，孙维世是唯一被周恩来和邓颖超称作“女儿”的人。周恩来对孙维世特殊的关爱缘于她的父亲孙炳文。

1922 年 9 月，孙炳文和朱德一起赴欧洲寻求真理，在德国一起经周恩来介绍参加中国共产党。1927 年孙炳文被国民党右派杀害，那年孙维世只有 6 岁。抗战初期，周恩来在武汉八路军办事处意外见到孙维世，就将她送往延安学习。从此，孙维世在周恩来和邓颖超的呵护下成长起来。1939 年，周恩来因臂伤赴莫斯科治疗，经毛泽东批准孙维世随行，之后孙维世留在

周恩来、邓颖超和孙维世

莫斯科学习表演和导演，也经历了苏联卫国战争的洗礼。

从周恩来和邓颖超的多封通信中，可以深切地感受到他们对“女儿”孙维世的浓浓亲情。1950 年 1 月，周恩来率中国政府代表团赴莫斯科，12 日晚，他在火车上给邓颖超的信中写道：“到满洲里不知能否遇到女儿，她回至北京当能告你。”第二天清晨，周恩来又补充写道：“今晨 5 时起，6 时得满洲里电话，肖华、家康已在站等候，大约女儿也在那里了。”信里提到的“女儿”就是孙维世。周恩来渴望见到女儿的喜悦之情，跃然纸上。当时，孙维世正在莫斯科为中国青年代表团当翻译，后经中央批准留在莫斯科协助代表团工作。邓颖超得到这个消息很高兴，她给周恩来复信说：“女儿未出我料留下了，我很高兴10年后她能在莫斯科有助于你的工作。”

对孙维世，周恩来和邓颖超倾注了深深的父母之爱。1958 年，孙维世生病住院，邓颖超多次到医院看望，身在外地的周恩来还多次打电话询问她的病情。邓颖超在写给孙维世的信中说：“20 年来，我们老两口对于你的感情和爱，是从多方面结合着的，我们和你之间的真挚无间的父母和女儿之间的高尚的感情和爱，对于革命烈士遗孤的责任感和爱，对于一个女的青年艺术工作者的爱护，以及对你的一些长处的喜爱，加上 20 年间，我们和你在相互了解的基础上发展的感情和爱，总之是多方深厚的，亦正如你说的是高尚可贵的。”

孙维世有个妹妹叫孙新世，孙炳文牺牲时，她还在襁褓中，被送到大姨那里抚养，和姐姐孙维世从此分开。新中国成立前夕，周恩来一直在为孙维世寻找妹妹。1949 年 7 月 22 日，周恩来致电时任中共香港工作委员会书记的乔冠华和龚澎。电报中说："请在香港报上登一寻人广告，用兰姊的名义寻黄粤生（女性），22岁，四川南溪人。如找到，请龚澎找她谈下，问她知否兰姊是谁，如她答得出兰姊是孙维世，是她的姊姊，任锐是她的妈妈，孙炳文是她的父亲，则她就是维世的妹妹，承继给她姨母的。如粤生愿来北平，望告刘恕帮助她经大连来平。"这封电报的字里行间体现了周恩来父亲般的关爱和细致周到的工作作风。因姐妹两人很相像，龚澎后来见到孙新世时，什么问题也没有问，说："你就是孙新世。"

在周恩来的关怀下，孙维世姐妹得以团聚。

"文化大革命"中，孙维世被江青一伙在狱中迫害致死，周恩来事后才得到消息。他立即下令解剖尸体，查明死因，但江青一伙公开对抗周恩来的指示，将孙维世的遗体连夜火化，焚尸灭迹。周恩来没有能够保护住"女儿"，这反映出"文化大革命"中，形势是多么险恶，他的处境又是多么艰难，连保护自己的女儿都没有回天之力，更何况其他的一些事情。

1975年邓小平复出后亲自过问了这件事，孙维世终于得以平反昭雪，这对重病中的周恩来多少是一丝慰藉。

当我怀着崇敬之情，梳理这位已经远去的大国总理对这些艺术家和文化人所倾注的这种热情和关爱时，也联想到我的父亲。我的父亲1950年9月从美国回国，和他同船回国的有30多人。当时中央教育部的领导同志说，他们是新中国成立后第一批从美国回来的留学生。这批人在檀香山时曾给周恩来发回一封致敬电，一到日本便收到周恩来的回电。周恩来在回电中表示欢迎他们回国为建设新中国服务，同时叮嘱他们：朝鲜战争已经爆发，不能走天津，一定要争取从香港回来。不仅如此，当他们经过香港到达深圳时，周恩来又从北京派去一位接待员陪他们回北京，并通知深圳海关不要检查他们的行李，也不要对他们所携带的物品征收关税。回到北京后，周恩来让他们住在教育部招待所，说是不管他们将来分配到哪里工作，都要留在北京欢度 1950 年的国庆节，作为周恩来的客人到天安门观礼台上观礼。这段往事珍藏在父亲心中一辈子，直到他去世前在病床上才讲给我们听。父亲的讲述让我突然明白了，为什么父亲能够始终坚守最初的选择，不管后来遇到什么艰难困苦，处在什么样的境遇中，都坚持下来，为新中国培养欧美戏剧人才奋斗一辈子。

周恩来与“铁 3 号”文化名人之间的故事深深印在我的心里，我怀念在“铁 3 号”居住的日子。

# 周总理给了我生命

吴　欢

全国政协第十二届全国委员、著名画家，吴祖光新凤霞之子

1952 年，我妈妈新凤霞在总政文工团工作，任总政评剧团副团长，当时总政文工团初建没有歌舞团，总政文化部部长是陈沂、文工团团长陈其通，总政评剧团团长新凤霞，总政越剧团团长袁雪芬、总政京剧团团长李丽芳李慧芳姐妹，这三个团支撑总政文工团。当时演出都是慰问军队。

新中国成立初期，当时海军司令萧劲光找到我妈妈，说：凤霞，你慰问了陆军了，慰问了空军了，唯独没慰问海军，我萧劲光没面子，怎么着你也得去一下。我妈妈当时身怀六甲，她既是军人，又是团长，当时名气很大，就同意了去海军慰问演出。在海军慰问演出，大都在军舰上，那时的军舰又不怎么样。演出是连轴转的，官兵要看新凤霞，这里接了，那里也要接。而且海上风大加晕船，这样可这把我妈累坏了，一次演出我妈因为太累。摔了个大跟头，结果大出血，我这个胎儿移位。领导们全吓坏了，万般无奈之下我爸吴祖光立即给周恩来总理打电话，说凤霞出事儿了。我爸爸一直是周总理文化工作团队

里的重要成员之一，而且我妈参军也是周总理批准的。

周总理当时紧急命令北京协和医院的林巧稚大夫，说，新凤霞出事了，把她赶紧送到协和医院，由你负责母子的生命安全。林巧稚是我国第一号妇科专家，当时任医院妇科主任，她领命之后特别紧张。她也认识新凤霞，因为经常一起开会，当时都是著名的妇女代表。然后专门派护士给我妈进行了保胎措施，结果这一保胎把胎儿保大发了，到月份生不下来，而且胎儿移位，不是一般的移位，胎儿一般头朝下，结果我妈摔一跤之后，我头朝上坐在肚子里面，长得越来越大，过了半个月还没生，这就危险了。当时生产有两种方式，一种是剖腹，另一种是自然生。她们经过研究，认为还是自然顺产比较理想，如果剖腹产怕感染了出大问题。其实，剖腹产没有问题，但我妈一听说“剖腹”两个字，就吓得浑身发抖，不肯剖腹产。怎么办呢？已经没办法了，又过了 20 多天，快一个月了，再拖下去，胎儿越来越大，没办法了，就要出人命。最后决定催产。医院向周总理汇报后，总理说：无论什么情况都由林巧稚负责。最后，林巧稚亲自上阵，带着几个护士和几个大夫，给我妈进行按摩，来了个“乾坤大挪移”，把肚子里的胎儿转一圈，顺产。产后，我八斤半，太大了，巨型胎儿。出生之后，林巧稚才松了一口气。她说，总理的命令，我完不成，我这个妇科主任别当了。她又对我妈说，新凤霞你这个儿子太顽固了。这个小顽固，说完照着屁股给了我两巴掌，我哇就哭了。那时林巧稚的压力比我妈还大。

所以说，我这条小命就是周恩来总理给的。

我爸爸跟周总理的交往很多，一直在总理手下工作，在重

1954 年，周总理与新凤霞（右二）亲切交谈，右一为阳翰笙。

庆的时候，我爸爸写了一出戏《风雪夜归人》，周恩来副主席去看了这出戏，因为这出戏讲的是妇女追求解放。实际上这出戏的主题就是追求，一生追求。我爸爸写这出戏的主题，就是说我的一生就是要追求，好的东西我都要追求，哪怕追求不到，我追求一生也快乐，追求就是人的一种本能。这出戏的另一个主题是主张男女婚姻自由、自主，追求民主、追求自由解放。周副主席看完后说，这个是反封建的，非常之好。而且其中有几句台词，就是拯救普天下的穷人，还有一个反贪官，当时国民党贪污成性，等等。

当时的《解放日报》满版评论《风雪夜归人》。我爸爸陪同周副主席看了四次。一天，总理的干女儿孙维世跟我爸说，祖光，你知道总理看了几遍《风雪夜归人》吗？我爸说我陪了四次。孙维世说，总理亲口跟我说了，他看了七次。

总理曾经把我爸爸叫去，帮我爸修改剧本，后来这出戏的有些情节是总理亲自帮助我爸爸修改设计的，才使剧本得到了很大的提高。这出戏是在总理的亲自关怀下成功的，总理和我爸爸两个人的感情也就此建立。

总理还知道我爸爸是中国第一个抗战戏剧《凤凰城》的作者，那时他才19岁。总理对夏衍讲，吴祖光简直就是个“小神童”。从此我爸爸神童的绰号就叫响了文艺界。

在重庆演出《风雪夜归人》的同时，国共两党也在进行重庆谈判。毛泽东主席到重庆，他给柳亚子写的一首词《沁园春·雪》流传到社会上。但是当时《解放日报》只发表了柳亚子的诗，没有发表毛主席的这首词，因为毛泽东不同意他的这首词流传到社会上去。

当时大家都在找毛泽东《沁园春·雪》的这首原词，结果我爸爸找柳亚子，还经过几个人辗转，凑齐了这首词的几个版本，发现有错别字，经过校对，我爸就要发表。他当时是《新民日报》的文艺副刊主编。我爸爸拿着这首词，直接就找周副主席请示发表主席这首词。周副主席说主席不让发表，不行，这个事儿不能办。我爸爸回来之后不甘心，他想我也不是党员，这词写得好，我就给他发了。在中国近代史上，曾有一人不听毛主席的话，不听周副主席的话，擅自做主，胆大包天的就是吴祖光。结果这一发表轰动了全国几百家媒体，完全在意料之外，这成为了中国新闻史上的一段佳话。

这首词后被翻译成英文，被东南亚、新加坡等国家相继转载。

这首词也在国民党高级将领和文化人当中引起了轰动，同时也改变了共产党的文化形象。蒋介石派一批文化人写词和诗，要超过这首词。结果没有一个人的和诗能够超越，反而造成这首词的第二次轰动。吴祖光在共产党文化形象的树立上立下了汗马功劳。有些历史学家说，毛主席这一首词的力量就是文化的力量，新闻的力量。之后我党更加注重新闻的力量，注重宣传的力量，狠抓宣传工作。

“吴祖光为我们党立下了汗马功劳，为我们党的宣传工作作出了巨大的贡献。”这是周总理对我爸爸的评价。

# 周恩来，正气的精神丰碑不倒

徐　焰

国防大学教授、少将

岁月如梭，弹指间40年过去了。记得1976年的1月8日，我从风雪边防哨所回营房时从广播中听到“总理去世”的消息，当时的悲恸终生难忘。周恩来没有子女、没有坟墓，没留骨灰，却成为一座受到亿万人崇敬的精神丰碑。

周恩来在新中国成立前常被称为“周副主席”（指中央军委），新中国成立后则是“总理”，这道出了他一生的两段辉煌——前半生艰苦奋斗打碎旧中国，后半生呕心沥血建设新中国。今天，经济腾飞的中华大地已经进入信息纷杂、价值观各异的多元化时代，但人们谈敬业、讲廉洁时还经常以这位开国总理为榜样。有的市政府大门厅还放着他的雕塑，作为公务员的楷模。我戴红领巾时，于1965年在人民大会堂近距离见过周恩来，其伟人气质和潇洒风采让人如仰高山。多少年后参加撰写领袖传记时，我访问过周恩来的几位秘书和身边卫士，又深知他有着普通人一样的喜怒哀乐，经常强忍内心苦衷而委曲求全。

不同的政治集团、群体和文化圈之间经常产生矛盾甚至对立，但人类毕竟还是拥有一些共同的道德标准。周恩来正是因为这公认的优秀人格品质而不仅在党内、国内受到爱戴，同时也赢得意识形态不同甚至对立的政治家们的尊敬。蒋介石及国民党黄埔系高官们虽坚决反共，但对周恩来敬重有加。美国总统尼克松在会谈后对他钦佩备至，后在唁电中称赞周恩来的智慧超过他所见过的其他一百多位国家首脑。有着深厚西方文化修养的联合国第二任秘书长哈尔舍马德访华后曾感慨：“在周总理面前，我无法不感觉到自己是个‘野蛮人’。”

周恩来的人格魅力自然不是天生的，而是“存在决定意识”。追溯一下这位伟人的生平，可以看出他由中国传统儒学熏陶出温和、谦恭、礼义和待人以情的特点，以“鞠躬尽瘁、死而后已”的古训激励出忘我的工作精神，又在留学日本、西欧和几赴苏联时树立起改造世界的革命理想。1920 年秋天，正在法国勤工俭学的周恩来在巴黎地铁中偶遇并结识了他所称的“革命老大哥”——参与创建法国共产党的越南人胡志明。他们二人既反对垄断资本剥削压迫的不公，又汲取了“自由、平等、博爱”精神的合理内核，反对走极端并要纠正斗争的阴暗面。我在巴黎漫步于法国大革命时期放置“断头台”的协和广场时，马上联想到周恩来在创建保卫中央的特科时严禁滥杀，随后率先制止“肃 AB 团”，直到“文化大革命”时又反对狭偏狂暴的情绪，这正是汇集人类优秀文化传统所产生的思想升华。

江苏淮安周恩来故居的门上悬着四个大字“全党楷模”。一些敌视共产党和新中国的人恰恰想以抹黑周恩来来毁掉这座正气的丰碑。在他刚去世时，就有香港反共刊物抛出“伍豪启事”这类政治谰言，多年后又有敌对分子编造低级谣言想从人格上对他进行毁谤。其实早在 40 年前清明节的“天安门诗抄”中，就有人仿韩愈诗写出：“总理英灵在，光焰万丈长。群丑多痴愚，哪用故谤伤。”那些卑下的“群丑”在周总理的光焰下，始终是见不得阳光的。

曾有多位西方记者采访周恩来时问道：“您是以共产党员的身份为重，还是以中国人的身份为重。”他们得到的回答都一样：“当然是以中国人的身份为重。”某种程度上说，周恩来为人倾倒的魅力首先体现的就是中华民族的优秀精神遗产。记得鲁迅讲过：“只有民族的，才是世界的。”如今人们常说“同国际接轨”，在这方面其实应该多学学周总理，只有汇中外优秀美德于一身，才能成为真正高尚、纯粹和有道德的人。

# 大无大有周恩来

梁　衡

人民日报原副总编辑、著名散文家

周恩来离开我们已经很多年了，但是他的身影却时时在我们身边，至今，许多人仍是一提总理双泪流，一谈国事就念总理。陆放翁诗：“何方可化身千亿，一树梅前一放翁。”是什么办法化作总理身千亿，人人面前有总理呢？难道世界上真的有什么灵魂的永恒？伟人之魂竟是可以这样地充盈天地、浸润万物吗？就像老僧悟禅，就如朱子格物，自从 1976 年 1 月国丧以来，我就常穷思默想这个费解的难题。几十年了，终于有一天我悟出了一个道理：总理这时时处处的“有”，原来是因为他那许许多多的“无”，是那些最不该、最让人想不到、受不了的“无”啊。总理的惊人之“无”有六。

## 一无是死不留灰

周恩来是中国历史上第一个提出死后不留骨灰的人。总理去世的时候，正是中国政治风云变幻的日子，林彪集团被粉碎不久，“四人帮”集团正自鸣得意，中国上空乌云压城，百姓肚里愁肠千结。1976 年新年刚过，一个寒冷的早晨突然广播里传出了哀乐。人们噙着泪水，对着电视一遍遍地看着那个简陋的遗体告别仪式，突然江青那副可憎的面孔出现了，她居然不脱帽鞠躬，许多人在电视机旁都发出了怒吼：江青脱掉帽子！过了几天，报上又公布了总理遗体到八宝山火化的消息，并且遵总理遗嘱不留骨灰。许多人都不相信这个事实，一定是江青这个臭婆娘又在搞什么阴谋。直到多少年后，我们才清楚，这确实是总理遗愿。1 月 15 日下午追悼会结束后，邓颖超就把家属召集到一起，说总理在十几年前就与她约定死后不留骨灰，灰入大地，可以肥田。当晚，邓颖超找来总理生前党小组的几个成员帮忙，一架农用飞机在如磐的夜色中冷清地起飞，飞临天津这个总理少年时代生活和最早投身革命的地方，又沿着渤海湾飞临黄河入海口，将那一捧银白的灰粉化入海空，也许就是这一撒，总理的魂魄就永远充满人间，贯通天地。

但人们还是不能接受这一事实。多少年后还是有人提问，难道总理的骨灰就真的一点也没有留下吗？中国人和世界上大多数民族都习惯修墓土葬，这对生者来说，可以寄托哀思，对死者来说则希望还能长留人间。多少年来，越有权的人就越下力气去做这件事。中国的十三陵、印度的泰姬陵、埃及的金字塔，还有一些埋葬神父的大教堂，我都看过。共产党人是无神论者，又以解放全人类为己任，当然不会为自己的身后事去费许多神。所以新中国一成立，毛泽东就带头签名火葬，以节约耕地，但彻底如周恩来这样连骨灰都不留的却还是第一人。你看一座八宝山上，不就是存灰为记吗？历史上有多少名人，死后即使无尸，人们也要为他修一座衣冠冢。老舍先生的追悼会上，骨灰盒里放的是一副眼镜，一支钢笔。纪念死者总得有个念物，有个引子啊！

没有灰，当然也谈不上埋灰之处，也就没有碑和墓，欲哭无泪，欲祭无碑，魂兮何在，无限相思寄何处？中外文学史上有许多名篇都是碑文、墓志和在名人墓前的凭吊之作，有许多还发挥出炽热的情和永恒的理。如韩愈为柳宗元写的墓志痛呼："士穷乃见节义"，如杜甫在诸葛亮祠中所叹："出师未捷身先死，长使英雄泪满襟"，都成了千古名言。明代张溥著名的《五人墓碑记》"扼腕墓道，发其志士之悲"简直就是一篇正义对邪恶的宣言。就是空前伟大如马克思这样的人，死后也有一块墓地，恩格斯在他墓前的演说也选入马恩文选，成了国际共运的重要文献。马克思的形象也因这篇文章而更加辉煌。为伟人修墓立碑已成中国文化的传统，中国百姓的习惯，你看明山秀水间，市井乡村里，还有那些州县府志的字里行间，有多少知名的、不知名的古人墓、碑、庙、祠、铭、志，怎么偏偏轮到总理，这个前代所有的名人加起来都不足抵其人格伟大的人，就连一个我们可以为之扼腕、叹息、流泪的地方也没有呢？于是人们难免生出一丝丝的猜测，有的说是总理英明，见"四人帮"猖狂，政局反复，不愿身后有伍子胥鞭尸之事；有的说是总理节俭，不愿为自己的身后事再破费国家钱财。但我想，他主要的就是要求一个干净。生时鞠躬尽瘁，死后不留麻烦。他是一个只讲奉献，献完转身就走的人，不求什么纪念的回报和香火的馈饷。也许隐隐还有另一层意思。以他共产主义者的无私和中国传统文化的"忠君"，他更不愿在身后出现什么"僭越"

式的悼念，或因此又生出一些政治上的尴尬。果然，地球上第一个为周恩来修纪念碑的，并不是在中国，而是在日本。第一个纪念馆也不是建在北京，而是建在他的家乡。日本的纪念碑是一块天然的石头，上面刻着他留学日本时的那首《雨中岚山》。1994 年我去日本时曾专门到樱花丛中去寻找过这块诗碑。我双手抚石，西望长安，不觉泪水涟涟。回天无力，斯人长逝已是天大的遗憾，而在国内又无墓可寻，叫人又是一种怎样的惆怅？一个曾叫世界天翻地覆的英雄，一个为民族留下了一个共和国的总理，却连一点儿骨灰也没有留下，这强烈的反差，让人一想，心里就有如坠落千丈似地空茫。

## 二无是生而无后

中国人习惯续家谱，重出身，爱攀名人之后也重名人之后。刘备明明是个编席卖履的小贩，却攀了个皇族之后，被尊为皇叔，诸葛亮和关、张、赵、马、黄等一批文臣武将，就捧着这块招牌，居然三分天下。一般人有后无后还是个人和家族的事，而名人无后却成了国人的遗憾。不孝有三，无后为大。纪念古人也有三：故居、墓地、后人，后人为大。虽然后人不能尽续其先人的功德才智，但对世人来说，有一条血缘的根传下来，总比无声的遗物更惹人怀念。人们尊其后，说到底还是尊其本人。这是一种纪念，一种传扬。对越是功高德重为民族作出牺牲的逝者，人们就越尊重他们的后代，好像只有这样才能表达对他们的感激，赎回对生者的遗憾。总理并不脱俗，也不寡情。我在他的绍兴祖居，亲眼见过抗战时期他和邓颖超回乡动员抗日时，恭恭敬敬地续写在家谱上的名字。他在白区经常做的一件事，就是搜救烈士遗孤，安排抚养。他常说：不这样我怎么对得起他们的父母？他在延安时亲自安排将瞿秋白、蔡和森、苏兆征、张太雷、赵世炎、王若飞等烈士的子女送到苏联好生教育、看护，并亲自到苏联与斯大林谈判，达成了一个谁也想不到的协议：这批子弟在苏联只求学，不上前线（而苏联国际儿童院中其他国家的子弟，有 21 名牺牲在战争前线）。这恐怕是当时世界上两个最大的人物达成的一个最小的协议。总理何等苦心，他是要为烈士存孤续后啊。六七十年代，中日民间友好往来，日本著名女运动员松崎君代，多次受到总理接见。当总理知道她婚后无子时，便关切地留她在京治病，并说有了孩子可要告诉他一声啊。1976 年总理去世，她悲呼道："周先生，我们已经有了孩子，但还没有来得及告诉您！"确实子孙的繁衍是人类最实际的需要，是人最基本的情感。但是天何不公，轮到总理却偏偏无后，这怎么能不使人遗憾呢？是残酷的地下斗争和战争夺去了邓颖超同志腹中的婴儿，以后又摧残了她的健康。但是以总理之权、之位、之才和他的倾倒多少女性的风采，何愁不能再建家室，传宗接代呢？这在新中国成立初期党的中高级干部中不乏其人，并几乎成风。但总理没有。他以倾国之权而坚守平民之德。后来有一个厚脸皮的女人写过一本书，称她自己就是总理的私生女，这当然经不起档案资料的核验。举国一阵哗然之后，如风吹黄叶落，复又秋阳红。但人们在愤怒之余心里仍然隐隐存着一丝的惆怅，特别是眼见和总理同代人的子女，或又子女的子女，不少都官居高位名显于世，不禁又要黯然神伤。中国人的传统文化是求全求美的，如总理这样的伟人该是英雄美人、父英子雄、家运绵长的啊。然而，这一切都没有。这怎么能不在国人心中凿下一个空洞呢？人们的习惯思维如列车疾驶，负着浓浓的希望，却一下子冲出轨道，跌入了一个无底的深渊。

## 三无是官而不显

千百年来，官和权是连在一起的。在某些人看来，官就是显赫的地位，就是特殊的享受，就是人上人，就是福中福。官和民成了一个对立的概念，也有了一种对立的形象。但周恩来作为一国总理则只求不显。在外交、公务场合他是官，而在生活中，在内心深处，他是一个最低标准甚至不够标准的平民。他是中国有史以来第一个平民宰相，是世界上最平民化的总理。一次他出国访问，内衣破了送到我驻外使馆去缝洗。大使夫人抱着这一团衣服时，泪水盈眶，她怒指着工作人员道："原来你们就这样照顾总理啊！这是一个大国总理的衣服吗？"总理的衬衣多处打过补丁，领子和袖口已换过几次，一件毛巾睡衣本来白底蓝格，但早已磨得像一件纱衣。后来我见过这件睡衣，瞪大眼睛也找不出原来的纹路。这样寒酸的行头，当然不敢示人，更不敢示外国人。所以总理出国总带一只特殊的箱子，不管住多高级的宾馆，每天起床，先由我方人员将这套行头收入箱内锁好，才许可宾馆服务生进去整理房间。人家一直以为这是一个最高机密的文件箱呢。这专用箱里锁着一个平民的灵魂。而当总理在国内办公时就不必这样遮挡"家丑"了，他一坐到桌旁，就套上一副蓝布袖套，那样子就像一个坐在包装台前的女工。许多政府工作报告，国务院文件和震惊世界的声明，都是在这套蓝袖下写出来的啊。只有总理的贴身人员才知道他的生活实在太不像个总理了。总理一入城就在中南海西花厅办公，一直住了25年。这是座老平房，又湿又暗，工作人员多次请示总理，总理都不准维修。终于有一次，工作人员趁总理外出时将房子小修了一下，于是《周恩来年谱》便有了这一段记载：1960年3月6日，总理回京，发现房已维修，当晚即离去暂住钓鱼台，要求将房内的旧家具（含旧窗帘）全部换回来，否则就不回去住。工作人员只得从命。一次，总理在杭州出差，临上飞机时地方上送了一筐南方的时鲜蔬菜，到京时被他发现，就严厉地批评了工作人员，并命令折价寄钱回去。一次，总理在洛阳视察，见到一册碑帖，问秘书身上带钱没有，见没带钱，就摇摇头走了。总理从小随伯父求学，伯父的坟迁移，他不能回去，先派弟弟去，临行前又改派侄儿去，为的是尽量不惊动地方。一国总理啊，他理天下事，管天下财，住一室，食一蔬，用一物，办一事算得了什么？多少年来，在人们的脑子里，做官就是显耀。你看，封建社会的官帽，不是乌纱便是红顶，官员出行，或鸣锣开道，或静街回避，不就是要一个“显”字吗？这种显耀或为显示权力，或为显示财富，总之是要显出高人一等。古人一考上进士，就要鸣锣报喜，一考上状元就要骑马披红走街，一当上官就要回乡到父老面前转一圈。所谓衣锦还乡，为的就是显一显。刘邦做了皇帝后，曾痛痛快快地回乡显示过一回，元散曲名篇《高祖还乡》即挖苦此事。你看那排场：“红漆了叉，银铮了斧，甜瓜苦瓜黄金镀，明晃晃马镫枪尖上挑，白雪雪鹅毛扇上铺。这些个乔人物，拿着些不曾见的器杖，穿着些大作怪的衣服。”西晋时有个石崇官做到了荆州刺史，也就是地委书记吧，就敢于同皇帝司马昭的小舅子王恺斗富。他平时生活，“丝竹尽当时之精，庖膳穷水陆之珍”。招待客人，以锦围步幛五十里，以蜡烧柴做饭，王恺自叹不如。现在这种显弄之举更有新招，比座位、比上镜头、比好房、比好车、比架子。一次一位县级小官到我办公室，身披呢子大衣，刚握完手突然后面蹿上一小童，双手托举一张名片。原来这是他的跟班，连递名片也要秘书代劳，这个架子设计之精，我万没有想到。刚说几句话又抽出“大哥大”，向千里之外的穷乡僻壤报告他现已到京，正在某某办公室，连我也被他编入了显耀自己的广告词。我不知他在地方上有多大政绩，为百姓办了多少实事，看这架子心里只有说不出的苦和酸。想总理有权不私，有名不显，权倾一国，两袖清风，这种近似残酷的反差随着岁月的增加，倒叫人更加不安和不忍了。

## 四无是党而不私

列宁讲：人是分阶级的，阶级是由政党来领导的，政党是由领袖来主持的。大概有人类就有党，除政党外还有朋党、乡党等小党。毛泽东同志就提到过党外有党，党内有派。同好者为党，同利者为党，在私有制的基础上，结党为了营私，党成了求权、求荣、求利的工具。项羽、刘邦为楚汉两党，汉党胜，建刘汉王朝，三国演义就是曹、孙、刘三党的演义。朱元璋结党扯旗，他的对立面除元政权这个执政党外，还有张士诚、陈友谅各在野党，结果朱党胜而建朱明王朝。只有共产党成立以后才宣布，它是专门为解放全人类而做牺牲的党，除了人民利益，国家民族利益，党无私利，党员个人无私求。无数如白求恩、张思德、雷锋、焦裕禄这样的基层党员，都做到了入党无私，在党无私。但是当身处要位甚至领袖之位，权握一国之财，而要私无一点，利无一分，却是最难最难的。权用于私，权大一分就私大一丈，失之毫厘差之千里，做无私的战士易，做无私的官难，做无私的大官更难。像总理这样军政大权在握的人，权力的砝码已经可以使他左偏则个人为党所用，右偏则党为个人所私，或可为党员，或可为党阀了。王明、张国焘不都成了党阀吗？而总理的可贵正在于党而不私。

1974 年，康生被查出癌症住院治疗。周恩来这时也有绝症在身，但总理还是拖着病体常去看他。康生一辈子与总理不合，总理每次一出病房他就在背后骂。工作人员告诉总理，说既然这样您何必去看他。但总理笑一笑，还是去。这种以德报怨，顾全大局，委曲求全的事，在他一生中举不胜举。周总理同胞兄弟三人，他是老大，老二早逝，他与三弟恩寿情同手足。恩寿新中国成立前经商，为我党提供过不少经费。新中国成立后安排工作到内务部，总理指示职务要安排得尽量低些，因为他是我弟弟。后恩寿胃有病，不能正常上班，总理又指示要办退休，不上班就不能领国家工资。曾山部长执行得慢了些，总理又严厉批评他说："你不办，我就要给你处分了。""文化大革命"中总理尽全力保护救助干部。一次范长江的夫人沈谱（著名民主人士沈钧儒之女）找到总理的侄女周秉德，希望能向总理转交一封信，救救长江。周秉德是沈钧儒的长孙儿媳，沈谱是她丈夫的亲姑姑。范长江是我党新闻事业的开拓者，又是沈老的女婿，总理还是他的入党介绍人。以这样深的背景，周秉德却不敢接这封信，因为总理有一条家规：任何家人不得参与公事。

如果说总理要借助党的力量谋大私、闹独立、闹分裂、篡权的话，他比任何人都有更多的机会，更好的条件。但是他恰恰以自己坚定的党性和人格的凝聚力，消除了党内的多次摩擦和四次大的分裂危机。五十年来他是党内须臾不可缺少的凝固剂。第一次是红军长征时，这时周恩来身兼五职，是中央三人团（博古、李德、周恩来）成员之一；中央政治局常委、书记处书记、军委副主席、红军总政委。在遵义会议上，只有他才有资格去和博古、李德争吵，把毛泽东请了回来。王明派对党的干扰基本排除了（彻底排除要到延安整风以后），红一、四方面军会师后又冒出个张国焘。张国焘兵力远胜中央红军，是个实力派。有枪就要权，不给权就翻脸，党和红军又面临一次分裂。这时周恩来主动将自己担任的红军总政委让给了张国焘。红军总算统一，得以顺利北进，扎根陕北。第二次是“大跃进”和三年困难时期。1957 年年底，冒进情绪明显抬头，周恩来、刘少奇、陈云等提出反冒进，毛泽东大怒，说不是冒进，是跃进，并多次让周恩来检讨，甚至说到党的分裂。周恩来立即站出将责任全部揽在自己身上，几乎逢会就检讨，目的只有一个，就是保住党的团结，保住一批如陈云、刘少奇等有正确经济思想的干部，留得青山在，为党渡危机。而在他修订规划时，又小心地坚持原则，实事求是。他藏而不露地将“十五年赶上英国”，改为“十年或者更多的一点时间”，加了九个字。将“在今后十年或者更短的时间内实现全国农业发展纲要”一句删去了“或者更短的时间内”八个字，不要小看这一加一减八九个字，果然，一年以后，经济凋敝，毛泽东说：国难思良将，家贫思贤妻，搞经济还得靠恩来、陈云，多亏恩来给我们留下三年余地。第三次是“文化大革命”中，林彪骗取了毛主席的信任。这时实际作为二把手的周恩来再次让出了自己的位置。他这个当年黄埔军校的政治部主任，毕恭毕敬地向他当年的学生、现在的副统帅请示汇报，在天安门城楼上、在人民大会堂等公众场合为之领坐引路。林彪的威望，或者就他当时的投机表现、身体状况，总理自然知道他是不配接这个班的，但主席同意了，党的代表大会通过了，他只有服从。果然，九大之后只有两年多，林彪就自我爆炸，总理连夜坐镇人民大会堂，弹指一挥，将其余党一网打尽，为国为党再定乾坤。让也总理，争也总理，一屈一伸又弥合了一次分裂。第四次，林彪事件之后总理威信已到绝高之境，但“四人帮”的篡权阴谋也到了剑拔弩张的境地。这时已经不是拯救党的分裂，而是拯救党的危亡了，总理自知身染绝症，一病难起，于是他在抓紧寻找接班人，寻找可以接替他与“四人帮”抗衡的人物，他找到了邓小平。1974 年 12 月，他不顾重病在身飞到韶山与毛泽东商量邓小平的任职。邓小平一出山，双方就展开拉锯战，这时总理躺在医院里，就像诸葛亮当年卧病军帐之中，仍侧耳静听着帐外的金戈铁马声。“四人帮”唯一忌惮的就是周恩来还在世。当时主席病重，全党的安危系于周恩来一身，他生命延缓一分钟，党的统一就能维持一分钟。他躺在床上，像手中没有了弹药的战士，只能以重病之躯扑上去堵枪眼了。癌症折磨得他消瘦、发烧，常处在如针刺刀割般的疼痛中，后来连大剂量的镇痛、麻醉药都不起作用了。但是他忍着，他知道多坚持一分钟，党的希望就多一分。因为人民正在觉醒，叶帅他们正在组织反击。他已到了弥留之际，当他清醒过来时，对身边的人说：“你去给中央打一个电话，中央让我活几天，我就活几天！”就这样一直撑到1976年1月8日。当时消息还未正式公布，但群众一看医院内外的动静就猜出大事不好。这天总理的保健医生外出办事，一个熟人拦住问：“是不是总理出事了，真的吗？”他不敢回答，稍一迟疑，对方转身就走，边走边哭，终于放声大哭起来。九个月后，百姓心中的这股怨气一举掀翻了“四人帮”，总理在死后又一次救了党。

宋代欧阳修写过一篇著名的《朋党论》，指出有两种朋党，一种是小人之朋，“所好者禄利，所贪者财货”；一种是君子之朋，“所守者道义，所行者忠信，所惜者名节”。而只有君子之朋才能万众一心。“周武王之臣，三千人为一大朋”，以周公为首。这就是周灭商的道理。周恩来在重庆时就被人称周公，直到晚年，他立党为公，功同周公的形象更加鲜明。“周公吐哺，天下归心。”周公只不过是“一饭三吐哺”，而我们的总理在病榻上还心忧国事，“一次输液三拔针”啊。如此忧国，如此竭诚，怎么能不天下归心呢？

## 五无是劳而无怨

周总理是中国革命的第一受苦人。上海工人起义、“八一”起义、万里长征、三大战役，这种真刀真枪的事他干；地下特科斗争，国统区长驻虎穴，这种将生死置之度外的事他干；新中国成立后政治工作、经济工作、文化工作，这种大管家的烦人杂事他干；“文化大革命”中上下周旋，这种在夹缝中委曲求全的事他干。他人生的最后一些年头，直到临终，身上一直佩戴着一块徽章，就是“为人民服务”。如果计算工作量，他真正是党内之最。周恩来是1974年6月1日住进医院的，据资料统计，1至5月共139天，他每天工作12至14小时有9天；14至18小时有74天；19至23小时有38天；连续24小时有5天。只有13天工作在12小时之内。而从3月中旬到5月底，两个半月，除日常工作外，他又参加中央会议21次，外事活动54次，其他会议和谈话57次。他像一头牛，只知道负重，没完没了地受苦，有时还要受气。1934年，因为王明的“左”倾路线和洋顾问李德的指挥之误，红军丢了苏区，血染湘江，长征北上。这时周恩来是军事三人团成员之一，他既要负失败之责，又要说服博古恢复毛泽东的指挥权，惶惶然，就如《打金枝》中的皇后，劝了金枝，回过头来又劝驸马。1938年，他右臂受伤，两次治疗不愈，只好远走苏联。医生说为了彻底制好，治疗时间就要长一些。他却说时局危急，不能长离国内，只短住了六个月。最后还是落下个手臂伸不直的毛病。而林彪也是治病，也是这个时局，却在苏联从1938年住到了1941年。“文化大革命”中，周恩来成了救火队长，他像老母鸡以双翅护雏，防老鹰叼食一样尽其所能保护干部。红卫兵要揪斗陈毅，周恩来苦苦说服无效，最后震怒道：我就站在大会堂门口，看你们从我身上踩过去！这时国家已经瘫痪，全国除少数造反派许多人都成了逍遥派，而周恩来始终是一个苦撑派，一个苦命人。他像扛着城门的力士，放不下，走不开。每天无休止地接见，无休止地调解。饭都来不及吃，服务员只好在茶杯里调一点面糊。“文化大革命”中干部一层层地被打倒。他周围的战友、副总理、政治局委员已被打倒一大片，连国家主席刘少奇都被打倒了，但偏偏留下了他一个。他连这种“休息”的机会也得不到啊。全国到处点火，留一个周恩来东奔西跑去救火，这真是命运的捉弄。他坦然一笑说：“我不下地狱，谁下地狱？”大厦将倾，只留下一根大柱。这柱子已经被压得吱吱响，已经出现裂纹，但他还是咬牙苦撑。由于他的自我牺牲，他的厚道宽容，他的任劳任怨，革命的每一个重要关头，每一次进退两难，都离不开他。许多时候他都左右逢源，稳定时局，但许多时候，他又只能被人们作为平衡的棋子，或者替罪的羔羊。历史上向来是一朝天子一朝臣，共产党的领导人换了多少，却人人要用周恩来。他的过人才干害了他，他任劳任怨的品德害了他，多苦、多难、多累、多险的活，都由他去顶。

1957 年年底，我国经济出现急功近利的苗头，周恩来提出反冒进。毛泽东大怒，连续开会发脾气。1 月初杭州会议，毛泽东说：你脱离了各省、各部。1 月中旬南宁会议，毛泽东说：“你不是反冒进吗？我是反反冒进的。”这时柯庆施写了一篇升虚火的文章，毛泽东说：恩来，你是总理，这篇文章你写得出来吗？8 月成都会议上，周恩来做检查，毛泽东还不满意，表示仍然要作为一个犯错误的例子再议。从成都回京后，一个静静的夜晚，西花厅夜凉如水，周恩来把秘书叫来说，“我要给主席写份检查，我讲一句，你记一句。”但是他枯对孤灯，常常五六分钟说不出一个字。冒进造成的险情已经四处露头，在对下与对上、报国与“忠君”之间，他陷入了深深的矛盾，深深的痛苦。他对领袖的服从与忠诚绝不是封建式的愚忠，他是基于领袖是党的核心、是党统一的标志这一原则和毛主席的威信这一事实，从唯物史观和党性标准出发来严格要求自己的。为了大局，在前几次会议上他已把反冒进的责任全揽在自己身上，现在还要怎样深挖呢？而这深探游走的笔刃又怎样才能做到既解剖自己又不伤实情、不伤国事大局呢？天亮时，秘书终于整理成一篇文字，其中加了这样一句："我与主席多年风雨同舟，朝夕与共，还是跟不上主席的思想。"恩来指着"风雨同舟，朝夕与共"八个字说，怎么能这样提呢？你太不懂党史。说时眼眶里已泪水盈盈了。秘书不知总理苦，为文犹用昨日词。几天后，他在中央八届二次会议上作完检讨，并委婉地请求辞职。结论是不许辞。哀莫大于心死，苦莫大于心苦，但痛苦更在于心虽苦极又不能死。周恩来对国对民对领袖都痴心不死啊，于是他只有负起那让常人看来无论如何也负不动的委屈。

## 六无是去不留言

1976 年元旦前后总理已经到了弥留之际。这时中央领导对总理病情已是一日一问，邓颖超同志每日必到病房陪坐。可惜总理将去之时正是中央领导核心中鱼龙混杂、忠奸共处的混乱之际。奸佞之徒江青、王洪文常假惺惺地慰问却又暗藏杀机。这时忠节老臣中还没有被打倒的只有叶剑英了。叶帅与总理自黄埔时期起便患难与共，又共同经历过党史上许多是非曲直。眼见总理已是一日三厥，气若游丝，而"四人帮"又趁危乱国，叶帅心乱如麻，老泪纵横。一日，他取来一叠白纸，对病房值班人员说，总理一生顾全大局，严守机密，肚子里装着很多东西，死前肯定有话要说，你们要随时记下。但总理去世后，值班人员交到叶帅手里的仍然是一叠白纸。

当真是总理肚中无话吗？当然不是，在会场上，在向领袖汇报时，在与“四人帮”斗争时，在与同志谈心时，该说的都说过了，他觉得不该说的，平时不多说一个字，现在并不因为要撒手而去就可以不负责任，随心所欲。总理的办公室和卧室同处一栋，邓颖超同志是他一生的革命知己，又同是中央高干，但总理工作上的事邓颖超自动回避，总理也不与她多讲一个字。总理办公室有三把钥匙，他一把，秘书一把，警卫一把，邓颖超没有，她要进办公室必须先敲门。周总理把自己一劈两半。一半是公家的人，党的人，一半是他自己。他也有家私，也有个人丰富的内心世界，但是这两部分泾渭分明，绝不相混。周恩来与邓颖超的爱可谓至纯至诚，但也不敢因私犯公。他们两人，丈夫的心可以全部掏给妻子，但绝不能搭上公家的一点东西；反过来妻子对丈夫可以是十二分的关心，但绝不能关心到公事里去。总理与邓大姐这对权高德重的伴侣堪称是正确处理家事国事的楷模。诗言志，为说心里话而写。总理年轻时还有诗作，现在东瀛岛的诗碑上就刻着他那首著名的《雨中岚山》。皖南事变骤起，他愤怒地以诗惩敌：“千古奇冤，江南一叶，同室操戈，相煎何急。”但新中国成立后，他除了公文报告，却很少写诗。当真他的内心情感之门关闭了吗？没有。工作人员回忆，总理工作之余也写诗，用毛笔写在信笺上，反复改。但写好后又撕成碎片，碎碎的，投入纸篓，宛如一群梦中的蝴蝶。除了工作，除了按照党的决定和纪律所做的事，他不愿再表白什么，留下什么。瞿秋白在临终前留下一篇《多余的话》将一个真实的我剖析得淋漓尽致，然后昂然就义，舍身成仁。坦白是一种崇高。周恩来在临终前只留下一叠白纸。“菩提本无树，明镜亦非台”，本来就无我，我复何言哉？不必再说，又是一种崇高。

周恩来的六个“大无”，说到底是一个无私。公私之分古来有之，但真正的大公无私自共产党开始。1998 年是周恩来诞辰 100 周年，也是划时代的《共产党宣言》发表 150 周年。是这个《共产党宣言》公开提出要消灭私有制，要求每个党员只有解放全人类才能最后解放自己。我敢大胆地说一句，150 年来，实践《共产党宣言》精神，将公私关系处理得这样彻底、完美，达到如此绝妙之境者，周恩来是第一人。因为即使如马克思、恩格斯、列宁也没有他这样长期处于手握党权、政权的诱惑和身处各种矛盾的煎熬中。总理在甩脱自我，真正实现“大无”的同时却得到了别人没有的“大有”。有大智、大勇、大才和大貌——那种倾城倾国，倾倒联合国的风貌，特别是他的大爱大德。

他爱心博大，覆盖国家、人民和整个世界。你看他大至处理国际关系，小至处理人际关系无不充满浓浓的、厚厚的爱心。美帝国主义和中国人民、中国共产党曾是积怨如山的，但是战争结束后，1954 年周恩来第一次与美国代表团在日内瓦见面时就发出友好的表示，虽然美国国务卿杜勒斯拒绝了，或者是不敢接受，但周恩来还是满脸的宽厚与自信，就是这种宽厚与自信，终于吸引尼克松在我们立国 21 年后，横跨太平洋到中国来与周恩来握手。国共两党是曾有血海深仇的，蒋介石曾以巨额大洋悬赏要周恩来的头。当西安事变发生时，蒋介石已成阶下囚，国人皆曰可杀，连曾经向蒋介石右倾过的陈独秀都高兴地连呼打酒来，蒋介石必死无疑。但是周恩来却带了十个人，进到刀枪如林的西安城去与蒋介石握手。周恩来长期代表中共与国民党谈判，在重庆、在南京、在北平。到最后，这些敌方代表竟为他的魅力所吸引，投向了中共。只有团长张治中说，别人可以留下，从手续上讲他应回去复命。周恩来却坚决挽留，说西安事变已对不起一位姓张的朋友（张学良），这次不能重演悲剧，并立即通过地下党将张治中的家属也接到了北平。他的爱心征服了多少人，温暖了多少人，甚至连敌人也不得不叹服。宋美龄连问蒋介石，为什么我们就没有这样的人。美方与他长期打交道后，甚至后悔当初不该去扶植蒋介石。至于他对人民的爱，革命队伍内同志的爱，更是如雨润田，如土载物般地浑厚深沉。曾任党的总书记、犯过“左”倾路线错误的博古，可以说是经周恩来之手被“颠覆”下台的，但后来他们相处得很好，在重庆，博古成了周恩来的得力助手。甚至像陈独秀这样曾给党造成血的损失，当他对自己的错误已有认识，并有回党的表示时，周恩来立即着手接洽此事，可惜未能谈成。恩格斯在马克思墓前讲话说：“他可能有过许多敌人，但未必有一个私敌。”这话移来评价周恩来最合适不过。当周恩来去世时，无论东方西方，都同声悲泣，整个地球都载不动这许多遗憾、许多愁。

他的大德，再造了党，再造了共和国，并且将一个共产主义者的无私和儒家传统的仁、义、忠、信糅合成一种新的美德，为中华文明提供了新的典范。如果说毛泽东是中国共产党和中华人民共和国的缔造者，周恩来则是党和国家的养护人。他硬是让各方面的压力，各种矛盾将自己压成了粉，挤成了油，润滑着党和共和国这架机器，维持着它的正常运行。50 年来他亲手托起党的两任领袖，又拯救过共和国的三次危机。遵义会议他扶起了毛泽东，“文化大革命”后期他托出邓小平。作为两代领袖，毛邓之功彪炳史册，而周恩来却静静地化作了那六个“无”。新中国成立后他首治战争创伤，国家复苏；二治“大跃进”灾难，国又中兴；三抗林彪江青集团，铲除妖孽。而他在举国狂庆的前夜却先悄悄地走了，走时连一点骨灰也没有留下。

周恩来为什么这样地感人至深，感人至久呢？正是这“六无”，“六有”，在人们心中撞击、翻搅和掀动着大起大落、大跌大荡的波浪。他的博爱与大德拯救、温暖和护佑了太多太多的人。自古以来，爱民之官受人爱。诸葛亮治蜀 27 年，而武侯祠香火不断 1500 年。陈毅游武侯祠道：“孔明反胜昭烈（刘备）其何故也，余意孔明治蜀留有遗爱。”遗爱愈厚，念之愈切。平日常人相处尚知投桃报李，有恩必报，而一个伟人再造了国家，复兴了民族，润泽了百姓，后人又怎能轻易地淡忘了他呢？我们是唯物论者，但我们心里总觉得大概有一天还是会有人来要为总理修一座庙。庙是神的殿堂，神是后人在所有的前人中筛选出来的模范，比如忠义如关公，爱民如诸葛亮。周总理无论在自身修养和治国理政方面，功德、才智、得民心等都很像诸葛亮。诸葛亮教子很严，他那篇有名的《诫子书》中教子“非淡泊无以明志，非宁静无以致远”。他勤俭持家，上书后主说，自己家有桑树八百棵，薄田十五顷，供给一家人的生活，余再无积蓄。这两件事都常为史家称道。呜呼，总理何如？他没有后，当然也没有什么教子格言；他没有遗产，去世时，家属各分到几件补丁衣服作纪念；他没有祠，没有墓，连骨灰都不知落在何方。他不立言，没有一篇《出师表》可以传世。他越是这样地没有没有，后人就越感念他的遗爱；那一个个没有也就越像一条条鞭子抽在人们的心上。鲁迅说，悲剧是把人生有价值的东西撕裂给人看。是命运从总理身上一条条地撕去许多本该属于他的东西，同时也在撕裂后人的心肺肝肠。那是永远无法弥补的遗憾，这遗憾又加倍转化为深深地思念。渐渐22年过去了，思念又转化为人们更深的思考，于是总理的人格力量在浓缩、在定格、在凸显。而人格的力量一旦形成便是超时空的。不独总理，所有历史上的伟人，中国的司马迁、文天祥，外国的马克思、列宁，我们又何曾见过呢？爱因斯坦先生将一座物理大山凿穿而得出一个哲学结论：当速度等于光速时，时间就停止；当质量足够大时它周围的空间就弯曲。那么，我们为什么不可以再提出一个“人格相对论”呢？当人格的力量达到一定强度时，它就会迅如光速而追附万物，囊括空间而护佑生灵，我们与伟人当然就既无时间之差又无空间之别了。

这就是生命的哲学。

周恩来还会伴我们到永远。

# 诗，靠什么去写……

唐双宁

中国光大集团董事长、中共党史人物研究会副会长

我不是诗人。我从来不敢奢望写诗。

2006年1月8日清晨，大概四五点钟，不知什么原因，我突然惊醒，无论如何也睡不下去了。

我下意识地打开电脑。我过去从来没有在这个时候打开过电脑。我突然发现，这天是周总理的忌日，是周总理逝世30周年的忌日。周总理，敬爱的周总理，离开我们已经整整30年了。

网站上的留言，像雪片一样，怀念、怀念，无尽的怀念；我的泪水，像潮水一样，止不住、止不住，无论如何也止不住……

"料得年年断肠日，定是岁岁一月八"……网站上的每一句留言，都让我心绪难平，让我不能自已，让我回忆起了那一年……

那一年，他走了。他走了，我像丢了魂似的，"六神无主大厦倾"；全中国人都像丢了魂似的，"六神无主大厦倾"……因

为在当年中国人的感觉里，国家的大事、小事，内政、外交，都靠他一个人在支撑。他走了，国家怎么办？我们怎么办？

那一年，十里长街，围栏、树枝、胸前、心中，白花如雪；男的、女的、老的、少的，哭声一片……

那一年，联合国下了半旗，不是联合国旗下半旗，是联合国全体成员国的国旗下半旗。据后来听说，有几个国家的大使为此找到联合国秘书长，问为什么我们国家的元首去世不下半旗，中国的总理去世却下半旗？良久，秘书长回答，一个八亿人口的大国总理，没有存款、没有骨灰、没有子女，如果你们哪个能做到，联合国都可以下半旗。几位大使面面相觑，低着头走了……这只是一个细节，一个不经意的细节。

我又想起，1965 年 1 月，邢台地震，周总理乘直升机赶到现场，召开群众大会，给乡亲们讲话。警卫战士找来一个小木箱，放在了群众北边，周总理站了上去。刚刚站上去，他又下来拎着小木箱走到了群众的南面。数九寒冬，北风呼啸，他面向北，群众向南……这只是一个细节，一个不经意的细节。

我又想起 1970 年，那些年，中国外交已经停摆。罗马尼亚的一个代表团，我清楚地记得团长是他们的大国民议会主席，叫埃米尔·波德纳拉西来访。毛泽东接见，理所当然地站在前排中间的位置；林彪也站在了前排中间的位置，这也应该，因为当时他毕竟是中央副主席；康生也站在了前排……我在《人民日报》的照片上寻找，周总理在哪里？他是总理，他又负责外交。他站在了后排……这只是一个细节，一个不经意的细节。

我又想起 1975 年，毛泽东委托周恩来筹备四届人大会议，还提名邓颖超当副委员长，周总理把她的名字勾掉了；此前，

50年代干部定级，邓大姐的条件应定为三级，她报了五级，周总理又把她改为六级……这只是一个细节，一个不经意的细节。

我又想到“文化大革命”的年月，天翻地覆，国家大乱，周总理左支右撑，苦挽危局。那个年代，他可以选择；那个年代，他别无选择。人们不能拿今天衡量昨天。他和他的同事讲，我不下地狱，谁下地狱？他就这样燃烧着自己，粉碎着自己……这也是一个细节，一个不经意的细节。

我再也控制不住自己，顺着网站上的那句话，我一口气写下这首《周总理逝世三十周年祭》：“今日人人肠更断，总理一去三十年；今日断肠更断魂，三十年来不归人……”

我把我的小孩叫起，我哭着念，他哭着听。他20岁了，他在我心里仍然是个孩子，我俩都在用眼泪诉说着、交流着……

周总理，他不是完人。他生活在那个时代，有些事他身不由己，但他的人格、他的精神深深地打动了每一个有良心的中国人，深深地铭刻在历史的丰碑上。我的一个朋友送给我两本书，一本叫《走下神坛的毛泽东》，一本叫《走下圣坛的周恩来》。是的，当年，他们二人在我心中确实一个是神，一个是圣。如果对毛泽东的认识我还有一个反复的话，70年代我把他当成神，80年代我对他产生过怀疑，今天我重新认识到他是人，不是神，但他是一个伟人，一个高不可攀的伟人，一个大思想家、大政治家、大军事家、大诗人、大书法家；那么对周恩来，我的认识始终如一。如果说毛泽东是高山，周恩来则是大海。他们虽然都不是完人，但是他们是那个年代做得最好的人（我是说贯穿他们几十年全部经历的年代）；如果我们生活在那个年代，谁也达不到那个水平。拍案而起易，忍辱负重难；拍案而起是心在痛饮，忍辱负重是心在凌迟。“夜夜枕上相迎送”、“寒衾伴我梦里追”、“长跪长将心自扪，唯将此心对天陈”……我把这些写入诗中，但这些都不是诗句，是我内心的沉吟，是我无声的呼喊……

我的诗，不，我的心，不胫而走，许多人看到了、读到了，给我打来发自肺腑的电话，给我写来感人至深的信件，其中有吴旭君女士（当年她作为毛主席的护士长，她回忆当年在中南海骑着自行车穿梭于游泳池和西花厅，为两位伟人传递文件，作出邀请尼克松访华的决定，就有她自行车的“功劳”）；有周秉宜女士，她不仅以个人，还代表她的全部亲属；有刚刚做过手术的方明老师，他情不自禁地朗诵着这首诗，一如他当年播送周总理的讣告、悼词……此前，我同方明老师并不相识，他朗诵后，我看到了这盘光碟，我感谢他，我急于同他相见；我们相见时，他回忆起当年，止不住泪水扑簌而下，我也止不住泪水扑簌而下……

我明白了，诗，靠什么去写；我明白了，艺术家，靠什么去打动人……

**附：**

## 周总理逝世三十周年祭

2006 年 1 月 8 日晨　和泪而作

料得年年断肠日，定是岁岁一月八。

今日人人肠更断，总理一去三十年。

今日断肠更断魂，三十年来不归人。

三十年来挥不去，唯有总理长相忆。
长忆总理在身前，三十年来不曾眠。
长忆神州十亿心，十亿人心谁最亲？
十亿人心忆总理，长忆绵绵谁堪比？
十亿人心忆恩来，长忆悠悠悲满怀。
最忆当年痛失声，神魂无主大厦倾。
最忆当年乐低迴，神州无人不泪垂。
最忆十里长安街，长街作证花如雪。
最忆当年天安门，宫门广场悲歌吟。
三十年来问青山，告我周公在哪边？
国土九百六十万，周公骨灰都不见。
三十年来问大地，谁说总理无儿女？
十亿人民十亿心，都是总理好儿孙。
三十年来问大海，总理胸襟有多深？
总理胸襟海样深，多少委屈暗自吞。
三十年来问高天，世上何者盖昆仑？
总理肝胆高入云，昆仑也要让伟人。
三十年后遍金银，总理身后无分文。
三十年后锦罗缎，总理旧衣谁来换？
二十七年好总理，功名利禄不见你。
二十七年西花厅，西厅灯火代代明。
七十八年寿多少，寿命自有人心晓。
七十八年寿比山，青山此时亦无言。
青山尚有崩塌时，君逝犹生万万年。
万年万物皆可迷，唯有人心不可欺。

人心自有人心力，欺人心者终被弃。
十亿人心一杆秤，唯有人格最可称。
十亿人心称有无，总理英魂天地留。
天地沧桑皆尘土，世上何人称不朽？
不朽二字是精神，独把不朽留与君。
黄河长江有尽时，总理精神无穷尽。
泰岱华岳松不老，总理精神华夏根。
三忆总理杯高举，杯倾都做泪如雨。
三忆总理泪长流，流到天涯无尽头。
三哭总理肝肠断，夜半茫茫都不见。
三哭总理已无泪，夜半独自向天跪。
夜半三哭周总理，双宁长跪不敢起。
长跪长将心自扪，唯将此心对天陈。
长跪长哭不能语，对天唯念好总理。
苍天可知我心恸？夜夜枕上相迎送。
苍天可知我心悲？寒衾伴我梦里追。
苍天可曾知我心？我心耿耿对星云。
苍天可曾知我意？我对孤灯长相泣。
哭问苍天意如何？我替君死伟人活。
君活我死终无憾，吾侪了却此心愿。
君不能活我亦去，君不能活我不还。
与君一同上九天，与君九天月里眠。
九天同眠年复年，年年与君长相伴。
年年与君长相伴，相伴直到九天九地都不见，
相伴直到九天九地都不见……

# 在七爷爷身边的那些难忘时光

周国镇
《数理天地》杂志社原负责人，周恩来侄孙

我的爷爷周恩夔和周恩来是同一位曾祖之下，在“恩”字辈大排行为第四，恩来排第七，因此我称呼周恩来为七爷爷，我是周恩来的侄孙。

我的太爷爷（曾祖父）周嵩尧是周恩来的六伯父，他是清光绪丁酉科（1897 年）举人。在晚清任过邮传部三品侍郎，民国时期先后担任袁世凯的政治秘书和江苏督军李纯的秘书长等要职，在江浙高层人士中，是很有影响的一位知识官僚，周恩来早年赴日、欧求学时，曾得到了周嵩尧的资助。新中国成立后，由政务院常务副秘书长齐燕铭等人推荐，被聘为中央文史研究馆的首批馆员。他进京后不久，我的爷爷周恩夔病故。周恩来考虑到年事已高的六伯父晚年丧子，身边无人陪伴，便决定让不足两岁就失去母亲、周嵩尧疼爱的曾长孙我进京，陪侍在老人身边，以消除老人晚年的寂寞之苦。那时，我虽然是个孩子，但是记忆力特别好，有幸聆听过并记住了七爷爷周恩来的多次谈话和教诲。透过这些回忆，从一个侧面反映了伟人周恩来尊敬长辈、严格要求亲属和关心年轻一代的思想情怀。

## 只身进京，见到七爷爷

1951 年春，经七爷爷同意，不到 12 岁的我被安排从江苏扬州赴北京，我将一面读书一面陪伴已在北京的曾祖父周嵩尧。

当时的扬州不通火车，我一人先从扬州坐汽车到扬子江边的六圩，然后搭乘轮船，到达对岸的镇江，在登上当晚由镇江北上的火车，这便开始了我朝思暮想的去北京的旅程。

我乘坐的车厢设施简陋，一排排的座椅全部都是用长条木板拼成，车厢里的乘客中有很多胸前佩戴新中国政府机关证章的干部和军人，他们一路上兴奋地交谈，使得车厢里的气氛很是热烈。看来已经是从北京得到了某种信息的列车长在旅途中三次来到我的座位看望我以表示关心，周围几位佩政务院胸章的干部对我也很热情，递吃送喝，因此从未出过远门的我在这漫长的两夜一天的旅程中，并不觉得孤单和寂寞。

七爷爷的秘书何谦叔叔到车站接我，然后就安排我随太爷爷一起住进了政务院所属的一间招待所，在那里我看到了毛主席的老师符定一，坐在轮椅上不能说话的细菌学家高士其等人。

我到北京后的第四天的上午，太爷爷和我就被接到中南海西花厅去见七爷爷了。

太爷爷和我在客厅坐下后，一位阿姨给我们端来两杯热茶，何谦叔叔走到太爷爷身旁，轻轻说："六爷爷，您先用茶，总理马上过来。"也就是两三分钟的光景，七爷爷就从客厅东面的一个房间内走出来，他穿着端庄整洁的深色中山装，气宇轩昂，神色很是温和亲切，尤其引起我注意的是他浓黑眉毛下的双眼炯炯有神，我目不转睛地注视着他，他步履轻快地走到了太爷爷跟前，太爷爷连忙起身，七爷爷双手握住了太爷爷伸出的右手，亲切地问候说："有些日子没有见面了，伯父身体还好把？"由于七爷爷工作繁忙，而太爷爷因为怕打扰七爷爷和七奶奶，不肯住在西花厅，所以他并不能经常见到七爷爷，每次见面，都是七爷爷在百忙之中，抽时间安排，对于七爷爷刚才的问候，太爷爷回答说："哦，我很好，何秘书同志为我安排得很周到，贤侄你国务繁忙，对我的事，大可放心，不必牵挂。"七爷爷听了太爷爷说的话，高兴地说："噢，好吗，何谦，老太爷夸你呢。"何谦连忙说："总理，我应该做的。"这时，太爷爷、何叔叔一同招呼站立在一旁的我："国镇，过来见七爷爷，……"我立即趋步上前，走到七爷爷身边，朗声喊道："七爷爷！"七爷爷一下拉住我的手，他的手非常温暖，说："你就是国镇了，太爷爷不只一次向我说到你，说你小时候吃了不少苦。"

这里，"吃了不少苦"指的是我的母亲在我一岁多就因病去世，后来又遭遇来自父亲的家暴，在八九岁时被迫离家出走，流浪街头，先后被扬子江边的渔夫和镇江金山寺烧火的和尚收留的那近一年的时光，那些时日，我的确是在孤独、艰难中度过，留下了不少负面的回忆。但是，那段日子对形成我性格中的不怕苦、不畏强势、敢做刚当、不屈不挠、珍惜友情等素质的形成也起到了积极的作用，尤其是现在自己到了北京，到了七爷爷的身边，更是感到心里是满满的温暖阳光，往日生活中的阴影已消失殆尽。因此，当七爷爷说我曾在小时候吃了不少苦时，我毫不犹豫地回答："从前的事了，没什么。"听了我的话七爷爷很高兴，摸着我的头，说："好啊，吃了苦，不诉苦，是坚强的孩子。"然后让我背靠着他，说："来，和爷爷比比个儿，看你有多高。"我的头顶比他的下巴略微高一点儿，七爷爷说："嗯，不矮，小孩子长得快呢……"正说着，何谦叔叔看了看手表，走到七爷爷身边轻声说："总理，该走了。"七爷爷说："唔，好的，我们走。"何叔叔帮着七爷爷穿上大衣，七爷爷转身和太爷爷握手道别，又向我挥挥手，同何叔叔一起出去了……这就是我第一次见到七爷爷的情景，尽管时光飞逝，已过去近七十年，但是当时的每个细节，都在我心里留下了深刻难忘的印象。

我清晰地记得当时七爷爷注视着我的目光，是睿智的、有穿透力的并且是充满同情的、亲和慈爱的，那目光中有着非常丰富的内容。七爷爷去世后，我阅读了不少关于他的相关资料，了解到七爷爷和我一样，也是幼年丧母，这时，我才读懂了当年他看着我时那目光中的含义。

## "一视同仁，重在表现"

从太爷爷的口中，我知道了周总理是我的叔伯祖父，因为他排行第七，所以我应当称呼他"七爷爷"，至于七爷爷和我究竟是怎样的血缘关系，也就是说，到我祖上的哪一代的哪个人，是七爷爷和我共同的祖先，对这个问题我并不清楚。对于家族成员之间的血缘关系，从我和七爷爷的接触中，我感觉到他很重视这件事，因为他知道，一个家族家风的形成和家族成员之间的血缘关系是密切相关的，好家风的形成和铸就，需要家族全体成员的共同努力，我想正因为如此，所以作为开国总理的七爷爷才不惜利用一切机会对自己的亲属进行思想教育，而且还在紧张且繁忙的国务活动中，特意安排出极宝贵的时间，于1964年8月2日和9日，分两次为在京的亲属讲了家史。当接到七爷爷的生活秘书兼卫士长的成元功叔叔的通知时，我心里非常高兴，因为又可以见到七爷爷了。那时，我先是在北京西郊读书，接着在那边工作，所以很少从西郊到城内去西花厅，多数情况是接到西花厅的通知才去的。当日下午，我乘公交车从西郊进城，按照成元功叔叔通知的时间，准时赶到西花厅，我看到来了将近10个人，有七爷爷的三弟周恩寿，即周同宇，他的长相酷似七爷爷，但是偏瘦一些，他的两个女儿，周秉德和周秉宜，按辈分，他们俩是我的姑姑，还有周华章、周尔辉，这两位都是我的叔叔。

我们彼此打了招呼，坐下没过一会儿，七爷爷便来了，他亲切地和在场的每个人都握了手，然后坐下开始讲话，对于这两次讲家史的活动，周秉德当时负责记录。她的叙述应当是更翔实的，我记得七爷爷说："今天，我给你们讲讲我们周家的历史，同宇你多少知道一些，但不是很清楚，先要了解我们之间的血缘关系是怎样的。"

七爷爷接着问周秉宜："你知不知道你和国镇是什么关系？也就是说，到了我们祖上的哪一代的哪一个人就是一个人了。"周秉宜按辈分虽然是我姑姑，但她比我还小几岁，因为以前无人告知，她回答不出七爷爷提出的问题。七爷爷接着回答了这个问题，他说："你和国镇的共同祖先是周樵水，也就是我的曾祖父，也是国镇爷爷的曾祖父，国镇的爷爷是二房的，我是四房的。”然后七爷爷接着说：“我们周家世世代代有不少人做了师爷，师爷不属于劳动人民，虽然也不是官，但却是为官僚统治阶级服务的，他们中间也有人当了比较大的官，像国镇的太爷爷，所以，我们周家是一个封建的旧官僚家庭，每个人都不可避免地或多或少地受到了这个家庭和旧社会的影响，沾染了不少坏的思想和习气，我从这个家庭里冲出来了，投身到了无产阶级的革命队伍中，我希望你们能跟我走，都投身到革命队伍中。最重要的是改造旧思想、旧习惯，做对国家对人民有用的人。”

关于血缘关系的远近，七爷爷曾在讲话中说到我：“国镇快出五服了。”这说明，听七爷爷讲话的人中，我和他的血缘关系是最远的，七爷爷用辩证唯物主义的观点看这件事，他说：“我的态度是亲属关系不论远近，一视同仁，重在表现。”

正是七爷爷的这八个字成为我这一生追求进步、好好做人、努力做事的座右铭。

## “这个人很了不起！”

我刚到北京不久的时候，有一次陪着太爷爷周嵩尧去西花厅。

在西花厅的客厅正北墙壁前的木质条案的正中，当时摆放着毛主席的一尊白色陶瓷像。因为当时没有别的任何人，我太爷爷就用手指着毛主席像问我七爷爷说：“这个人到底怎么样？”因为我太爷爷是旧官场出来的，他见多识广，对新中国领袖不了解是很正常的。七爷爷听了伯父的问话，立即正色说：“噢，他很了不起!”“他是我们中国共产党公认的领袖，因为有了他的雄才大略，才带领全国人民推翻了蒋介石的反动统治。”

太爷爷听了七爷爷的话之后，对毛泽东肃然起敬。这次谈话后不久，毛主席、七爷爷先后去苏联访问，和斯大林商订中苏友好同盟互助条约，苏联对华进行经济援助。那是1950年年初，太爷爷周嵩尧牵挂着远在寒冷北国的七爷爷，填词一首：

点绛唇·和约之表侄

花甲重轮，衰年又见童年月。凤城佳节，玉宇琼楼彻。

雪窖冰天，万里行人发。邦交协，好辞黄绢，二陆皆英杰。

在这首词里，太爷爷回忆他60年前考中秀才的喜悦，并借西晋的陆绩兄弟，来称赞毛主席和自己的侄儿周恩来都是“英杰”，全国人民一定要拥护毛主席。

太爷爷词里的“约之”是指他的表侄郑约之，“帮交协”就是指中苏友好同盟互助条约。而郑约之在此前不久写过一首词《点绛唇·月当头》：

多谢天公，云开放出当头月。团圆时节，倍觉清光彻。

一种悠扬，何处箫声发。清商协，如鸣金铁，定是来时杰。

1951年建党30周年和建国两周年时，太爷爷带头撰文祝贺中国共产党的生日，赞扬新中国所取得的建设成就，还被中央文史研究馆推选为代表向毛主席敬酒。我想，太爷爷之所以这么乐意地去做这些事，都是七爷爷那几句对毛主席的评价产生出来的巨大效果，对整个从旧时代走过来的硕学名流们都能起到很好的教育作用。

## “如果这样说的话，我是有贪污的”

七爷爷在组建新中国首届政府期间，一次他让秘书打电话请太爷爷去西花厅，我陪同前往。到达后，七爷爷先是向太爷爷亲切问安，然后就详细询问了清末民初政府的组成、机构的设置、人员的配备和工资待遇的等级等。太爷爷对这些很熟悉，他如数家珍似的一件一件讲给七爷爷听。七爷爷一边听一边用笔记，间或还插问一两句，让太爷爷说得更清楚一些、明白一些。显然，这是七爷爷为组建我们新中国的第一届政府向他的六伯父这位老师在请教。就在他们叔侄俩的谈话谈得差不多时，七爷爷突然直截了当地问太爷爷：“伯父，你以前在清朝做侍郎，在袁世凯那边当官，后来又到江苏督军府当秘书长，你贪污过没有。”老人一听立即斩钉截铁地说：“那怎么可能？绝对没有。”七爷爷接着又问：“那么，有没有人求伯父办事，向伯父你送一些玉石、字画呢？”太爷爷说：“这是有的。”

七爷爷呵呵笑了说：“伯父，那些也是用钱买来的吗，有的还很贵、很值钱。这就是贪污嘛！”太爷爷听了立即面有赧颜地说：“如果这样说的话，我也是有贪污的。”

那会儿我已经上初中了，懂事了。我想，七爷爷是大公无私的无产阶级革命家、新中国的开国总理。而太爷爷是清政府的正三品侍郎，并在袁世凯的大帅府当过秘书和当过江苏督军府的秘书长，是从旧官场下来的人。他们对同样的问题有着不同的认知，原来自认为很清廉的太爷爷被他那个时代的舆论界称为“识穷两戒，清绝一尘”的人还是被他的侄儿认定为有过贪污行为的，这对太爷爷有着很强烈的心灵震撼。但老人没有丝毫的抵触和反感，而是用批判精神反思过往，这是很了不起的思想转变。抗美援朝战争爆发后，思想有很大变化的太爷爷本着国难同当的精神，要将他多年来辛苦收集和珍藏的书画印章，其中有已传世两百多年的清代王云画的山水画捐出来，交给自己的工作单位中央文史研究馆，期望变卖后买飞机大炮给中国人民志愿军到朝鲜战场上打击侵略者。遗憾的是由于当时建国伊始，连个文物商店也没有，谁也不好定价；即便定了价，钱也不知由谁出，所以最终又只好退还给老人。

1953 年秋，太爷爷肺结核病转重，自知不久于人世，就坐在床上写了遗嘱，让我亲手交给七爷爷，并交代我将他收藏一生的精品文物全部送到西花厅交给七爷爷，没有分给自己众多的孙子、孙女和重孙辈。我清楚地记得七爷爷告诉我："你太爷爷留下的几箱子文物已经交给国家，由故宫博物院收藏。"他还说："专家鉴定，里面有不少是赝品。"

## "我死后，千万不要厚葬"

在 1953 年春，太爷爷和七爷爷的一次谈话中，说到了自己的后事，他说："我这辈子，很知足了，在旧中国活了近 80 年，先是中了举，后来入仕，在清朝和民国当了大官，见过很多大场面。之后，见到新中国，荣登国庆观礼台，看到了民不聊生，破败备受外强欺凌的旧中国在毛主席的领导下日益繁荣昌盛，更令我分外喜悦的是现在，我们周家又有你这么一个好的侄子当国家总理，我还可以经常见到你。翔宇贤侄，伯父我此生无憾，当含笑而去。所以我将来死了绝不要厚葬，用一顶席子裹上，送到城外深埋就可以了。”七爷爷望着太爷爷，对他有这样好的思想境界心里非常喜悦，但他摇头说：“那怎么行！伯父，那是绝不可以的。”

1953 年 8 月 31 日，我到学校领到书后，回到所住的惠中饭店。当我推开房门，发现我的太爷爷倒在地上，口角有血迹，我大吃一惊，立刻喊来服务人员，我们一同扶起他，帮他如厕后，送到床上，靠枕而坐。这时，太爷爷神智虽然清醒，但是由于气管内存积有痰并且咳不出来，所以不能正常发声，我从他艰难说出的几个字，明白他要纸、笔和垫板。拿来后，太爷爷便坐在床上，哆嗦着手开始写。这时我迅速抽空给西花厅和周华章打了电话，不到一小时，何谦叔叔和元功叔叔以及苏联红十字医院的医生、护士先后赶到，稍作诊断后，决定送医院。入院前，太爷爷将他写好的信交给我让我面交七爷爷。

太爷爷住院后，因为拒绝治疗，于 9 月 2 日在医院去世。

七爷爷为我的太爷爷举行了十分简朴而又隆重的送别仪式，时任政务院秘书长和总理办公室主任的齐燕铭细心地操办了丧事。9 月 5 日上午 9 点，太爷爷的灵柩被停放在嘉兴寺殡仪馆大厅，灵柩的上盖放在灵柩的一侧，周家在京的亲属早已到齐，大家向太爷爷致哀后，在灵柩两侧肃立。在哀痛肃静的气氛中，齐燕铭秘书长轻声地告诉在场的人：“总理正在路上，很快就到。”他的话音落下不到两分钟，身着深色中山服的七爷爷就从灵堂门外走了进来。他神情肃穆，慢慢地走到灵柩的正面，鞠了三个躬，然后缓慢移步到灵柩左侧停步，伫立良久，默默地注视着灵柩中他十分敬重的六伯父。当时，我就站在七爷爷附近，他抬起头，望望大家，又将目光转向我，停住了，齐燕铭叔叔提示我："七爷爷有话要问你。"我赶紧走近七爷爷，七爷爷说："当时你在太爷爷身边？"我回答："是。"接着我简述了那天我从学校回到住所的情形。七爷爷又问："太爷爷说什么话没有？"我回答："没有，太爷爷被一口痰堵住，很难说话，只是要纸笔，给七爷爷留言。"我说完，便从上衣口袋中取出太爷爷写的信递到七爷爷的手中。七爷爷将信展开，在沉思中看完，又折好，放到上衣左上方的口袋里。随后，七爷爷和在场的人挥手示意，就匆匆走了。七爷爷走后，灵柩便上了盖板。接着，七奶奶让我坐上她的车和另外几部车一起将灵柩护送到东郊人民公墓下葬。记得墓碑上刻有太爷爷姓名、生卒年月日，还有：孙周华章、曾孙周国镇敬立。

## "人生赖奋斗而存！"

我的爷爷周恩夔和七爷爷兄弟俩是自小玩到大的，七爷爷离开淮安后，他们就再也未见面，直到 1946 年，两人又一次见面，也是他们此生的最后一次见面。

我爷爷周恩夔自小腿有残疾，谋生困难。到蒋介石统治末年，物价飞涨，民不聊生。一家更是难上加难，到庙里打过舍粥，吃过豆渣和豆饼。

抗日战争胜利后，蒋介石从重庆还都南京。七爷爷周恩来率中共代表团也于 1946 年 5 月 3 日来到南京，住进梅园新村继续主持中共代表团与蒋介石的谈判。周恩来到南京的消息扬州的《苏北日报》也报道了。当时作为该报校对员的爷爷周恩夔是《苏北日报》的第一读者，因此他知道自己的七弟周恩来到南京的消息。由于当时生活实在很窘迫，所以他期望能得到七弟的帮助。于是，爷爷就给南京的七爷爷周恩来写信。七爷爷收到信后便托人带信约他到南京相见。

当时，虽然表面上是国共和谈，但诚如七爷爷所判断的：国民党蒋介石迟早是要打内战的。中共中央为了应付各种可能的情况，当年 6 月 7 日曾让七爷爷飞赴一趟延安。当时七爷爷已得到消息，国民党方面准备在 15 天后发动大规模的内战，形势非常紧张。所以当我爷爷周恩夔到梅园后，七爷爷发觉“铁仙四哥”和他谈的除了家常话之外，还期待他这个弟弟在可能的情况下帮助他和他的儿子们找个工作，以维持全家温饱。在当时的情况下，七爷爷是无能为力的。而且，七爷爷那天又刚刚收到了上海文化界、实业界知名人士马叙伦、陶行知等 164 人呼吁停止内战、和平建国致蒋介石的请愿书（这份请愿书他们除了用电报发给蒋介石之外，同时也发给了南京的周恩来及有关的著名爱国民主人士）。七爷爷也急于要处理此事，于是他让我爷爷返回自己的旅馆住地。并随即写了一封信，派人送给他。

铁仙四哥嫂：

相别几近三十年，一朝晤对，幸何如之。旧社会日趋没落，吾家亦同此命运，理有固然，宁庸回恋。惟人生赖奋斗而存。兄嫂此来，弟处他人檐下，实无可为助。倘在苏北，或可引兄嫂入生产之途，今则只能以弟应得之公家补助金五万元，送兄嫂作归途费用，敢希收纳。目前局势，正在变化万端，兄嫂宜即返扬，俾免六伯父悬念。弟正值万忙之中，无法再谋一面。设大局能转危为安，或有机缘再见，届时亦当劝兄嫂作生产计也。

匆匆函告，恕不一一。顺颂旅安，并祈代向六伯父问候安好为恳。

七弟　拜启

弟妹附笔　　　　六月十一日

七爷爷的这封信言词恳切，亲情融融。其“人生赖奋斗而存”道出了人生的真谛。待在旅馆里的我的爷爷在收到信后知道求职无望，于是只好返回扬州家中，继续艰难度日，等待时局变化，那是在国民党统治时期，爷爷冒着生命危险保存了自己七弟的这封信，并被收入了《周恩来书信选集》一书中。

## “国家待你不薄”

七爷爷的母亲所生兄弟三人，他是长子，还有两个弟弟。大弟弟周恩溥，抗战年间病故了；最小的弟弟周恩寿，字同宇，大排行十三。但我没叫过他十三爷爷，而是叫他同宇爷爷或三爷爷。

1964年8月上旬，在京的以及来自淮安、河南、焦作的周家亲属被召集到西花厅，听七爷爷讲周家的家史。

那是夏天，七爷爷身着短袖衫，手里还拿着一把纸扇。

两次讲话中，我有一个突出的感觉，就是七爷爷总是用很严肃的口吻说同宇爷爷，以教育大家，我作为在场唯一的第三代，都觉得七爷爷对同宇爷爷过于严苛了。第一次讲话时，七爷爷就问："同宇，你现在拿多少钱一个月？"同宇爷爷有点拘谨地回答："每月 70 元。"七爷爷马上十分严肃地说道："70 元，这是县委书记的待遇，国家待你不薄！你不能白拿人民给你的钱，尽管有病，但是行动自如嘛，可以为社会做些力所能及的事。比如在街道上和大家讲讲时事，读读报什么的。还有现在社会上小学二部制的比较多，那些孩子回家没事做就野了，你可以把他们组织起来，给他们补补课。你每天花一两个小时，不是什么负担嘛！"七爷爷就这样不留情面地对他的弟弟讲。同宇爷爷听了马上表态："是，我一定照办！"

那时我也工作了。我想，七爷爷这么要求同宇爷爷既是他对所有亲属的严格要求，也是对在座的后辈们的一种警示：我周恩来的亲属必须在各个工作岗位上兢兢业业地为国家多作出贡献，努力为人民服务。

一个星期后，七爷爷再次召我们去西花厅讲家史时，他见到同宇爷爷的第一句话就是问："同宇，上次我叫你在街道上做点力所能及的事你做了没有？""我已经做了。"同宇爷爷大声地回答说。七爷爷听了，也就没再说什么了。

七爷爷就是这样，他身为国务院总理，对自己一母所生的小弟弟都严格要求，一丝不苟，我们这些七爷爷的小辈儿，还有什么话说呢！

## "路要靠自己走"

我去北京前没有受过正规的学校教育，所学的一点文化知识都是太爷爷教的。什么《三字经》《千字文》《论语》等。太爷爷教我念、背诵，但是我并不理解所含的意思。到北京不久，七爷爷的行政秘书何谦叔叔就说："国镇应该去上学了。"七奶奶就让他去办。于是，他让政务院办公厅给北京师范大学附属中学写了一封信。信上大意是说周国镇是周总理的侄孙，请求插班入学，请你校考虑接收。然后何谦就带着我来到和平门附近的北师大附中教导处，人家一看二话没说就接收了。

那个学校有现代化的教学楼，很大的运动场，校园内绿树成荫，高高的旗杆上，五星红旗迎风飘扬，我高兴得不得了，一回到西花厅就忍不住跟七奶奶邓颖超说："我下个礼拜就要上学了。"七奶奶一听也很高兴，笑着问我说："好啊，是哪个学校？""北师大附中。"我高兴地回答。

七奶奶又问我，你是怎么进去的？我说，是何谦叔叔带了一封信，人家看了信，就收了我。她说："噢，是这样。"然后她就不再说什么了。

那时我年龄小，还不懂什么。后来知道了，何谦叔叔是七爷爷的行政秘书，西花厅的事、周家的事都是交给他管的。孩子上学是天经地义的事，他自认为这种小事就不必惊动两位国事繁忙的老人了，便自主去做了，也好减轻二位老人在家庭琐事方面的负担。谁知他的一片好心却做了一件"坏事"。七奶奶严肃地批评他说："怎么能仗着我们的关系呢！让他自己去考，考上什么学校就进什么学校。"

当天晚上，七爷爷回来了。他听了这事以后耐心地对我说："路要靠自己走，不能靠我们的关系。"

"路要靠自己走。"我这一辈子都牢记七爷爷的这句话。

后来我经过一冬一春的补习，直到来年夏天才考取了北京市的二十七中，它是原来的私立孔德中学，就在东华门附近。

我在二十七中一直读完初中，接着以十分之一的比例考取中国人民大学附设工农速成中学附设高中班，这是人大附中的前身，当时有5000多人报考该校，只有500人被录取，我是其中之一，并且数学是满分。在该校，我刻苦学习各门功课，那时，实行的是苏联的五级分制，十多门功课中，除了历史和政治是4分，其他各门功课都是5分，堪称学业优秀。高考前，学校有报考哈尔滨军事工程学院的名额，其中一个给了我。校领导给了我报考该校需填写的表格。我当时又高兴又激动，因为当时我们都知道，哈军工主要是搞军事科学现代化、国防现代化的学校。

为此，我专门回去一趟西花厅，把学校推荐我上哈军工的事告诉了七奶奶。七奶奶一听就对我说："哈军工？好啊！但这个事情要和你七爷爷商量一下，他现在不在北京。"然后让我先回学校。

几天以后，七奶奶就打电话叫我去西花厅。她说，我和你七爷爷商量了，我们认为你不能去这个学校。这个学校不适合你。第一是这所学校干部子弟非常多，到这个学校对你没有任何好处；第二你身体不好（当时我已经被检查出有轻度的左肺间感染），到哈军工入学就是入伍，全部是军事化管理，到那儿你会受不了。然后她要我慎重地再考虑一下。

七爷爷和七奶奶分析得如此仔细、合理，我当然要听他们的话。回到学校后我就告诉校领导，我不适合去哈军工。那个名额就给了别的同学。

若干年后，尤其是经过"文化大革命"的风雨，我认识到当年七爷爷和七奶奶不让我去哈军工，对于我是很有远见的政治上的一种保护。

## “这是个组织纪律问题！”

20世纪60年代，已经工作了的我一次去武汉，住在武汉军区的一位首长家。这位首长知道我是周总理的亲属，就拿了一沓文件给我翻看以打发时间。

除了公开的新闻渠道，普通人不可能看到有保密级别限制的中央文件。所以，我整整两宿也没怎么睡觉，仔细阅读了那些文件。

这批文件大部分是中央召开“七千人大会”的内容，也有一些其他的东西。其中有一个是专门讲我们国家要造原子弹、氢弹的文件。文件说，我们的中共中央成立了一个由27人参加的专门委员会，七爷爷还是这个专委会的主任，负责“两弹（原子弹、氢弹）一星（人造地球卫星）”的研制。

当时我看到这个文件高兴极了！心情特别兴奋和激动。后来我回到北京有一次去西花厅，就跟当总理的七爷爷说：“咱们国家也要造原子弹、氢弹了，太棒了！”

七爷爷一听马上就问：“你是怎么知道这个事情的？”“我是看到文件的。”我仍抑制不住喜悦。七爷爷又问：“你在什么地方看到的？”

这时我才发觉七爷爷神色有点凝重，于是如实告诉他，是在武汉军区一位首长家里看到的。七爷爷又严肃地说：“他怎么能把这个文件给你看呢？这个文件到现在还没有发到县团级，你怎么能看呢？你没资格看这样的文件呀！”

当时正好国务院副秘书长兼总理办公室副主任许明同志在场，就插话说：“国镇是不会传出去的。”七爷爷说：“不是传出去的问题，而是组织纪律问题。”接着，七爷爷就对我说，“我是中央常委，你奶奶是中央委员。我带回来的文件都放在办公室里，你奶奶既不能看，也不能问，这是纪律。”

我那时还是年纪轻，对这些问题虽然听懂了，但平常重视得还是不够。就在两年后的1964年7月31日，我听人说，当天晚上七爷爷将在人民大会堂向首都高等院校毕业生及部分中专、高中毕业生作关于革命和劳动的报告。我当然也想去听一听，接受教育吗。我就给西花厅打电话，请爷爷的卫士长成元功和奶奶说一下，也给我们几张票好进场听听。刚好当时我们老家淮安我的一个叔叔辈周尔辉夫妇也在京，他们也是搞教育的，当然也想去听。成元功认为，总理的亲属想听总理的报告，无非是想多受一次教育而已，就也帮着我和尔辉夫妇他们说话。结果，奶奶很生气，她不仅没有给我们人民大会堂听爷爷报告的票，还于8月2日下午七爷爷的家庭会议前专门讲了这个问题。

七奶奶当时说：我们家庭成员中党、团员要有组织性、纪律性。爷爷星期五（指1964年7月31日）晚上要给应届大学生作报告之前，国镇听说了，打来电话，想要票去听。我接了电话，告诉他要按自己的工作岗位，能有票就听，没能拿到票，就不去听。反正不能走家庭路线。小咪（周秉宜小名）、尔辉、桂云都想去，成元功还为他们几个说话，说总理办公室的人都可以去，也让他们几个孩子跟着去听听。我说这不一样，办公室的人去，是组织上的决定，但小咪、尔辉、国镇几个，不能因为他们的伯伯或爷爷去做报告，他们就可以去听。这是政治性的活动，不应该不按组织原则办。如果是戏票、游园票等文化娱乐活动，可能时，是可以给他们票去看的。所以，我要求我们的家庭成员，不要因为咱们家中有个国务院总理，就任何活动都想参加。你们有困难，我们的工资可以帮助你们，毫不吝惜，但我们从来不利用工作职权来帮助你们解决什么问题。你们也不要有任何特权思想。我们要把家庭关系和组织性、原则性区别开，不要搞乱，搞乱了势必犯错误。家庭内的关系，要服从组织性、原则性，要公私分清。

经奶奶这么一说，以后我们就再也没有人提出过违背组织原则和组织纪律的事。

## “你不能和我比啊”

20 世纪的 50 年代末至 60 年代初，我们国家由于天灾人祸，全国人民都处在饥饿的状况下。有人饿得浮肿了，有的地方饿死人了等等也多有传闻。那时分城市户口和农村户口两类，农村户口的艰苦就更不用说了，城市户口的粮食定量也很少，中学生月定量 30 斤，我当时刚刚工作，有的学生比我年龄还大，可我的月定量却只有 28 斤。人在那种饥饿状态下，老是觉得肚子里空落落的，头晕乎乎的，走路都是无精打采的。

我每月 42 元工资，到市场上几乎买不到什么东西，食品、布料以至日用品全部凭票供应。七爷爷作为一国总理，为了和全国人民共渡难关，他主动将自己的粮食从月定量 26 斤降到 15

斤，奶奶更是降到了 13 斤。还主动提出来，在困难时期，不吃鸡、鱼、肉、蛋。

在那几年内，上海一度只有三天的存粮，全国当时 29 个省市中就有 15 个省市闹粮荒，七爷爷身为一国总理，最后相当于粮食部的一名粮食调度员，日夜为调运粮食而辛勤操劳。

一次七爷爷出访，已经在西郊机场上飞机了，李先念副总理还乘车赶到飞机旁，请示可不可以动用一部分外汇从国外进口一批粮食，七爷爷当即就拍板了。后来我们国家从澳大利亚和加拿大进口了一批小麦和面粉，才使我们国家亿万人的生命得以延续。

为了和全国人民共度那饥饿的难关，七爷爷还让总理办公室主任童小鹏将西花厅院子里那些本来养花长草的一点地方分给在总理办公室工作的同志，让他们种菜、长庄稼，又从自己工资中拿出 120 元钱在西花厅院子里打了一眼手压泵井，既避免用自来水浇菜造成浪费，也减轻了他身边工作人员要到东边的中海去挑水的劳累。收获时，七爷爷七奶奶吃了工作人员种出的蔬菜和庄稼，却都要按市价给钱上缴给国家，别人劝说也没用，但他对自己的秘书、警卫员等其他工作人员则没有提这样的要求，以便让大家的生活能改善一点儿。

就在那个困难时期，有一天我在市内开完一次进修工作会议后，顺道去西花厅看望七爷爷和七奶奶。

我到了西花厅的后厅之后，见到七爷爷正在用餐，放在他餐桌上的是一小碟烩豆腐，一小碟只有些许肉丝的炒青菜，另外还有一小碗鸡蛋清汤。他一见到我就一边吃着一边问我：“国镇，你吃饭了没有？”我告诉他，我在会议上已经吃过了。那时候吃饭都要交钱和粮票的，特别是粮票，哪个单位开会也没能力免收粮票。这时，七爷爷又问我学校里的师生对粮食定量供应有什么反映。我直率地告诉他："虽然肚子吃不饱，也没有其他油水，但是，师生们还没有什么怨言。因为大家都相信，这日子是会过去的。"

这时，我坐在他的身旁，是想陪他说说话，以减轻和缓解他工作的辛苦和劳累。他知道当时全国人民都在忍饥挨饿，坐在他身边的这位侄孙也不例外。于是，他快速地边吃边对我说："你不要看我吃得比较好，因为我是总理，国家和人民给我这样的待遇，是为了让我能健康地为人民工作。你可不能和我比啊。"

七爷爷的这几句话说得那么恳切，我连忙强忍住那夺眶而出的泪水说："七爷爷，你吃得根本算不上好……"七爷爷却心事重重地说："已经很好了，我们国家还有很多的人在饿肚子呢！我是总理，要努力工作，你在学校里也要好好工作。只要我们全国人民都努力，情况一定会变好的。"我哽咽着说不出话，只是默默地点了点头表示赞同他的话。

告别七爷爷走出西花厅之后，我还在想，七爷爷都是六十几岁的老人了，还承担着党和国家的繁重任务，每天都是夜以继日又夜以继日地为国事操劳。他用自己的工资，想吃什么不可以啊！但是，他心里时时想着的是全国亿万老百姓，想着如何让全国人民都能吃饱、穿暖……

弹指一挥间，七爷爷离开我们已经四十多年了，2018 年是七爷爷 120 岁的诞辰。我永远记得在七爷爷身边那些难忘的时光，那是刻骨铭心的分分秒秒，已经在我的生命中铸成永恒。

# 何其有幸，在我的年代依然有您

周　强

中共中央台办、国务院台办宣传处处长，周恩来侄孙

2017 年 5 月 19 日，我应邀到人民大会堂观看日本松山芭蕾舞团演出的著名芭蕾舞剧《白毛女》，这是他们第 15 次来华演出。台下座无虚席，观众们都被台上 68 岁高龄的芭蕾女神森下洋子优美的舞姿所吸引，看着她那带有生命激情的表演，我的脑海中渐渐浮现出 20 年前的一幕。

## （一）

为纪念周恩来总理诞辰 100 周年（1898—1998 年），在央视工作的我参加了历时三年的大型电视艺术片《百年恩来》的摄制工作。1997 年春，作为《百年恩来》剧组的编导之一和摄影师，我随同总导演——母亲邓在军和总制片人——父亲周尔均来到日本东京，采访与周恩来总理有过交往的日本友人。采访名单中除了众多日本政要，其中就有松山芭蕾舞团。当年正是在周总理的盛情邀请、精心安排之下，松山芭蕾舞团才把《白

周尔均、邓在军夫妇与日本松山芭蕾舞团团长清水正夫、松山树子夫妇，中间后立者为本文作者（1997 年）。

毛女》带到了中国，使其落地生根。松山芭蕾舞团也由此与周总理结下了深厚的感情。采访松山芭蕾舞团的那一天，我们见到了它的创始人清水正夫、松山树子夫妇，他们的独子清水哲太郎、儿媳森下洋子，以及芭蕾舞团的全体团员。当时的我只有 24 岁，看着这对日本夫妇饱含热泪动情地回忆一位异国总理对他们的关心和爱护，我的内心受到了很大的触动。

20 年后的今天，清水正夫已经长眠地下，松山树子也已步入暮年，而他们的儿子清水哲太郎和儿媳森下洋子为了继承周总理生前为中日两国世代友好所作出的努力，他们克服种种困难，再次担当起中日两国民间的友好使者。

历时三年的《百年恩来》拍摄过程，对我是一次心灵的洗礼。三年中我随摄制组采访了数百位与周恩来总理有过交往和接触的国内外人士，每一次采访、每一次回忆，听着讲述者的故事，跟随着他们情到深处时落下的泪水，周总理的形象在我的脑海中越来越真实、越来越清晰。对柬埔寨国王诺罗敦·西哈努克的采访给我留下了深刻记忆。当时他身患癌症在北京治病，得知《百年恩来》摄制组希望对他进行采访时，他欣然接受并提出："只有在周恩来总理生前两次到过的柬埔寨土地上和在王宫金銮殿接受周恩来亲属的采访，才能表达我对周总理和邓颖超夫人的知遇之恩。"应国王盛情邀请，父母率我们一行来到柬埔寨金边，在步下舷梯时我看到，机场特地为我们铺上长长的红地毯。不只如此，在王宫金銮殿外的台阶上，同样也铺有鲜艳的红地毯。时任我国驻柬大使谢月娥告诉我，金銮殿是

西哈努克国王在王宫与周恩来亲属合影。

圣洁之地，不能备水，不能上茶点，更不能使用空调，通常只有国家盛典才在这里举行，才能铺红地毯。这使我深深感受到，国王亲自安排这些特殊的礼遇，正是出于他对周恩来总理的深切怀念之情。那天在金銮殿里，身患重病的西哈努克国王不顾高温炎热，不间断地同我们谈了整整三个多小时，没有喝一口水。他说："周恩来总理是我的师长，我的兄长，他从没有教过我要怎样做，但他的行为本身就是我最好的榜样。我和我的夫人忘不了总理和邓颖超夫人的恩情，他们是世界上最好的人。"采访结束后国王还特地安排宫廷乐队，为我们演奏并演唱《怀念中国》，这是一首由他亲自作词、作曲的歌曲。

## （二）

2008 年，为纪念周恩来总理诞辰 110 周年，我作为导演组成员再次参与了大型情景音乐会《你是这样的人》的工作。担任晚会总导演和总制片人的父母那年已经 70 多岁了。晚会筹备期间，节目的编排、演员的选择、节目的录制倾注了导演组所有人的心血，大家忘我地工作，每天睡眠不到四个小时。这样高强度的工作量对于身患两次癌症、做过三次大手术的母亲和经历了前列腺手术的父亲来说无疑会带来很大伤害。当我看着母亲晕倒在工作现场，看着父亲因工作时间过长憋不住小便裤子被一次次打湿时，心里有说不出的难过和担心。那时我常会问自己：如果为了宣传周恩来总理而失去了父亲、母亲这一切是否值得？

2008 年 3 月 28 日傍晚，北京大雨滂沱。经历了 300 多天策划排练的大型情景音乐会《你是这样的人》，在周总理生前经常从事政务活动的人民大会堂如期上演。

由于雨下得太大，我们主创人员都在担心近万人的演出现场会不会出现冷场？大家辛苦努力付出的一切会不会因此功亏一篑？但随着演出时间的临近，我紧张的心情随着倾盆大雨下撑着雨伞排起长龙的检票队伍的行进慢慢放松下来。

晚七点三十分，伴随着演出开始的钟声，主持人倪萍、李扬、朱军、周涛从侧幕走上了舞台。倪萍开口的第一段台词就让在场的所有人潸然泪下：“敬爱的周总理，我们想你了，我们大家都想你了！一晃儿，你都走了32年了，真快啊！总理，你熟悉这儿吧？对，北京人民大会堂，你生前在这儿办过公。今晚，总理好像就在这儿。总理，你好吗？我们都想你了，我们看见你了！”此时一万多人的大会堂，静得仿佛连一根针掉下的声音都能听见。

著名艺术家郭兰英老师的一曲《绣金匾》将晚会推向了高潮。32年前郭兰英老师演唱的《绣金匾》让全国人民为之动容。今天她已年近八旬，很少登台，但编导组一致同意邀请她在这个晚会上再次演唱这首歌，而且需要真唱，不能用录音。郭兰英老师答应了编导组的请求，为了唱好这首歌，她苦练了好几个月。果然，当晚她发自肺腑的深情演唱，特别是她在泣不成声中强忍泪水，用尽全身力气高声唱出最后一句“我们热爱您”时，拨动了所有在场观众的心弦，成了晚会上最大的泪点，直到工作人员将在台上不能自已的郭兰英老师搀扶下来，雷鸣般的掌声仍然经久不息。整台晚会从始至终大家都沉浸在对周总理的怀念、崇敬和感伤中。一位大会堂的工作人员说：

“今晚大会堂坐满了观众，演出中间没有人退席，结束后大家还久久不舍得离去。这种情形在大会堂已很久未出现过了。”

中央电视台录播了晚会，并连续八天向全国播出，用这样多次连续播出的方式对一台晚会予以肯定，这在中央电视台历史上是少有的。

当然，这台晚会的成功还有一个重要因素，或者说是最重要的因素，就是周总理巨大的人格魅力和感召力。正如一位女教师曾经说过的：“木雕可以腐朽，石碑可以倒塌，铭刻在人们心中的丰碑却与世永存。”周总理就是镌刻在所有中国人民心中的丰碑。

《你是这样的人》晚会结束之后，我终于明白了父母为什么能为宣传周总理倾尽所有并不惜用生命做代价，那是因为他们期待后人能一代代地传诵他的名字，记住这位正直、清廉、勤政的中国人民的公仆和世纪伟人。

## （三）

2013 年，迎来了纪念周恩来总理诞辰 115 周年的日子。我的父亲母亲又共同策划了大型展览《他吸引了全世界的目光——纪念周恩来总理珍品巡回展》。这一年父亲已经 81 岁高龄且刚刚做了肾癌手术，母亲的身体也已经难堪重负。但他们仍然身体力行，不肯停止追忆周恩来总理的脚步。他们将 1998 年摄制大型电视艺术片《百年恩来》、2008 年执导大型情景音乐会《你是这样的人》过程中亲自采访 400 余位与周总理有过亲身接触的国内外各界人士时，所收集到的珍贵文献、题词、摄影作品，以及若干位艺术大师纪念周总理的书画作品，经过长达八个月的精心挑选、排序、整理加上文字说明，请设计师设计成展板，分别融入到“昭”“公”“清”“爱”“和”五个展览部分中。

展览于2013年11月开幕，首展仍然选在北京人民大会堂。之后在上海中华艺术宫、广州图书馆、北京大学百年纪念讲堂、全国政协礼堂连续展出，十几万人观看了展览。展览期间，观众络绎不绝，流连忘返，场面感人至深。

2015年的金秋，为了纪念中日邦交正常化，我随父母应邀带着展品前往日本巡展，第一站设在东京。17年前也是在这里，我拍摄了对日本前首相中曾根康弘的采访。当得知父母为宣传周总理再次来到东京时，年届96岁的前首相中曾根康弘特地发出邀请，要会见周总理亲属和身边工作人员。那一天，老人兴致很高。回顾往事，他仍然十分清晰地记得当年与周总理、邓颖超交往过程中的许许多多细节。临别前当我们把一尊周总理纪念铜像赠送给老人时，尽管他年事已高，腿脚不便，但仍然坚持站起身来手捧这尊沉甸甸的铜像，久久不肯放下。中曾根康弘在日本是一位十分受人尊敬的政治家，在场的中日双方多位摄影师抢着拍摄这个难得的珍贵镜头，老人就这样一直捧着铜像长时间站立着。我们在受到深深感动的同时也体会到，在他的心目中，周恩来是当代世界伟大的政治家，是一个具有高尚品德和情操、值得信赖的人，是对改进中日关系、维护亚洲和世界和平最富有诚意及远见的伟人。

两年内在日本东京、长野、京都三次成功举办这个展览，证明了时间并没有冲淡日本人民对他的感情和敬意。周总理常说：‘吃水不忘挖井人’。而人们也会永远铭记他为中日关系的改善、中日友好的发展、中日邦交正常化的实现所作出的重大贡献，以及他非凡的才智和人格魅力。

## （四）

作为周恩来总理的侄孙，因为年龄的原因，我非常遗憾未能亲眼见到七爷爷周恩来。但我仍然觉得自己非常幸运，幸运在属于自己的年代仍然能够透过历史的长河去遇见他、了解他、敬仰他。

经历过几个工作岗位，我依然是一名普通的国家公务员，每当偶有了解我家世的朋友向别人介绍我的身份时，会在后面附加上周恩来总理侄孙的头衔，看到人们眼睛中展露出的敬意，我清醒地知道它们并不属于我，那是送给七爷爷周恩来总理的。我非常荣幸自己身体里流淌着与这位伟人相同的血脉，但我不会以这位伟人后代的身份而傲然自居，因为我知道这绝不是七爷爷周恩来总理所期望的。父母常常提起，在众多的周家家规中，总理特别强调的一条是：“不要因为我是总理，就自认为有什么特殊，造成不好的影响。你们下一代要自觉改造思想，严格要求自己，不要学八旗子弟。”我从小被教育做人要自强自立，在已经过去的人生中，我在不同的工作岗位上，多次立功获奖，到今天我仍然会坚持努力工作，力争在平凡的岗位上作出不平凡的成绩，为国家尽一份自己应尽的责任，我深信这也是七爷爷周总理所期望的。

2018 年，是周恩来总理诞辰 120 周年。父母虽年事已高，但我深信他们将不会停止追忆周总理的脚步。思念无尽，我将跟随着父母和热爱周恩来总理的人们的步伐，传扬周恩来精神。“何其有幸，在我的年代依然有您”，这是我的心声，也将会是代代人的心声。

歌曲：绣金匾（郭兰英演唱）

# 我创作木刻《怀念周总理》的经过

杨先让
中央美术学院教授、著名画家

1976年，长达十年之久的“文化大革命”终于结束了，北京文艺界组织了一场场演出活动，以表达人们的喜悦心情。在周恩来总理逝世一周年将要来临之际，大家都站出来情不自禁地想要做些什么，以表达对总理的深切怀念。

一天，范曾跑到我家，兴冲冲地说出了一个计划：他要写一首思念周总理的歌词，请作曲家吕远谱曲，由歌唱家郭兰英在纪念周总理逝世一周年的演唱会上演唱，同时由我赶制一幅纪念周总理的木刻版画，由《人民日报》在周年纪念刊上发表。我屈指一算，时间不到半个月，创作任务相当紧迫。但大家却一致赞成这个计划，各自去完成各自的任务。但在当时压抑的政治形势下，我们的这种艺术创作是要顶着很大的政治风险与压力而行的。

那时，周总理的形象资料实在不多，我只能靠翻阅画报去寻找，费心辛苦终于在旧《人民画报》上找到一张我认为最理想的形象，那是周总理与陈毅访问六国时的集体照片。虽然周总理的面部形象只有拇指盖大小，也不太清楚，但对我来说足够了，因为周总理的形象在大家心里都很熟悉，于是我开始起稿子投入创作。时间紧迫，所以要日夜赶制，全心投入。我每日放大镜不离手，从在纸上起稿，直到上梨木板绘稿，再动手刻制，一切都按部就班地进行着。整个创作过程我都处于激情之中，虽时间紧迫，但创作却进行得十分顺利。现在回想起来，当时的创作过程从技法上来说是非常冒险的。我先刻了周围的景色和总理的身体，最难的面部刻画放到了最后。但由于通宵工作，精力高度集中，刻到面部形象时，我已进入了相当疲劳的状态，如有一刀失误就会前功尽弃。每当疲劳时，我就感到周总理站在我身后关爱地看着我，然后一股巨大的力量便油然而生，推动着我向前。是敬爱的周总理给了我力量，助我圆满地完成了任务。这幅画的创作过程可以说是一气呵成，当最后一刀结束时，我知道一切终于如愿以偿了。

所谓“如愿”是指这幅作品恰当地运用了木刻专业技法，特别是版画所要求的黑白处理以及刀法的运用。技法运用的目的就是准确地表现总理那种内在的精神气质，让作品能够打动每一位热爱周总理的人的心，这才是最重要的。

构思时我想，画面的处理必须是周总理的正面形象，又不能太强调木刻的黑白大对比艺术效果，要考虑广大人民群众的接受能力，要雅俗共赏，关键是周总理的形象一定要像。工作时我听着歌唱周总理的演唱，主要是听著名歌唱家郭兰英演唱的《绣金匾》中怀念总理的那一段。我含着眼泪不停地工作，熬了几个通宵赶制，到作品完成时我的两个眼睛红肿得不能出门。

怀念周总理（木刻）　　杨先让作　1976 年

对画面我做了精心的处理。我让周总理处于青山绿水、松柏花香之间，虽然天空乌云滚滚，但一缕阳光穿透云层普照大地，这些都象征了当时的政治气氛。周总理在画面上有如在天上人间，来到绿草地上，站在他喜欢的君子兰花前，向我们安详地微笑着。你看着他，他也看着你，让画上的总理与观众产生一种目光的交流，产生一种无比的亲切感。

君子兰花有两种，一种花朵向上开放，一种花朵低垂向下。我采用了后一种花式，有悼念总理的意味，也象征着周总理是一位虚怀若谷的君子伟人。

木刻的特点是以刀代笔，创作中要让每一刀都清晰，我选择了多种不同的刀法。为了表达我与群众对总理的敬意，我还选择了中国传统绘画中在画面上题字的形式，并加盖图章，突破以往木刻版画创作的表现格式，使中国的观众感到亲切。字体要工整，正好发挥了我掌握的中国传统雕版刻制技法，将中国书法的笔意韵味丝毫不差地刻制表现出来。此书法是画家范曾书写的，是他创作的怀念周总理歌词中的一句："您爽朗的笑声在波涛中回荡，您慈祥的笑容永远刻在我们心上。"先时我的儿子海郎正在学习篆刻，正好也为我刻制了两方印。一方是"先让木刻"，另一方是"与天地共存"，我将这两方印用在了画面的题词上。

在这幅画中，我的刀法是根据画面的不同需求而不断变化的。云与山水不同，树与花草不同，衣服与搭在胳膊上的外衣明暗刀法处理不同，尤其是面部绝不是单纯地刻素描，而是要根据细微起伏的肌肉表情，顺着肌理精细地刻画。刀法不能死板单调，要有轻重粗细走向不同的变化，刀法的运用既要微妙，又要干净准确，不能有一点废刀。做到以刀代笔不易，一刀下去错了不能补救，尤其刻肖像，刻错了只能将板子全部刨了，再重新反画稿子重刻（我在教学中绝不教补木板，我自己也从来没有补过板子），版画创作中画稿要准，反画在木板上也要准，刻板时更要准，因此要刀下留情。我在刻总理的面部时，要不时地在镜子里反照，既要形象准确，又要刀法贯通，的确很不易。

印制过程必须我自己承担。从滚油墨，到铺纸张印制，完全要手工操作。记得后来几个学生要求让他们自己印几张收藏，我拒绝了，因为只有我知道哪里该滚多少油墨，哪里要加大力量印，哪里要轻轻擦拭，尤其面部轻重更要掌握分寸，印一张差不多要一个小时，否则艺术效果会受影响，所以我坚持自己印制。

当时一共印了多少张并没有记录。送朋友、亲戚，还有人为领导人讨要，我乐此不疲。邓颖超大姐得到一张，见到画就哭着说："作者一刀刀刻，怎么谢他呢？"最后让人转送我几份有关总理的简报和图书。叶剑英、邓小平、郭沫若、林业部部长罗玉川等人，都得到了这幅作品的原作。

在当时的政治空气下，领袖肖像画，只能表现毛主席。我也没有料到，只是由于情之所至，这幅画突破了规矩，单独表现了另一位伟人。

1976 年 10 月之前，"四人帮"还未倒台，他们利用手中的权力千方百计限制观众和演员们在周总理逝世一周年（1977 年 1 月 8 日）的纪念演出时佩戴寄托哀思的小白花，还尽量控制纪念活动的规模，从而降低总理在群众中的影响力。当我兴致勃勃地拿着作品到人民美术出版社时，当时的社领导却不敢出版。还是北京出版社的刘春华有胆量，决定马上以三种不同的开幅（4 开、8 开、16 开），以独幅画的方式出版发行，并且赶在了周总理逝世一周年纪念日之前。我真要感谢他！《人民日报》也在周年纪念日的当天发表了这幅作品。随着此画在《人民日报》的发表，北京的各大报纸也相继发表了此画。虽然北京出版社以空前的数量出版发行了此画，但购买此画的人群却如潮奔涌、络绎不绝，市面上总是供不应求。在北京，几乎每家新华书店门前都有人们排长队购买，因数量有限，书店只好限制每人每次只能购买六张。真可惜当时没有拍下这争购总理肖像的热烈场面。一幅木刻版画作品印数如此之大，如此受到群众的欢迎，这种情况在历史上，也可以说在世界上都是少有的。

在周总理逝世一周年纪念日的前后几天，天安门广场、人民英雄纪念碑、长安街甚至王府井大街都史无前例地被悼念总理的花圈所覆盖了，许多花圈的中央都镶嵌着这幅版画。

1998 年 3 月 5 日是周恩来总理诞辰 100 周年纪念日，在北京有纪念活动，女儿杨阳打越洋电话说又发表了我的木刻《怀念周总理》，并给了 1000 元稿费，组织者还邀请我回国参加纪念活动，当时我有其他事情未能回国参加纪念活动，但我心中感到无比欣慰。

# 从周总理听我唱歌到我歌唱周总理

李光羲
著名歌唱家

## 周总理第一次听我唱歌

1954 年，我以业余爱好者的身份考入中央歌剧院，进院不久即演唱了新歌剧《草原之歌》序曲，并录了唱片，还参加了独唱音乐会。半年后，于 1955 年“三八”妇女节，我被剧院派到北京饭店在庆祝会上演唱，见到了我国第一代女革命家何香凝、宋庆龄、蔡畅、李德全、邓颖超、李伯钊和尚年轻的江青、王光美，心里既高兴又激动。会上我演唱郑律成写的《延安颂》，正当我唱到一半的时候，现场突然爆发了掌声，我被惊住了，原来是周总理走进了会场，只见他挥手示意，让大家听唱，不要鼓掌。就这样周总理听我唱完了后半段的《延安颂》，此后的十九年，直到他老人家去世前，还不断地召唤我去中南海和人民大会堂为中央和国务院接待外国元首贵宾演唱，因而也有幸多次见到毛主席、刘少奇、彭真、陈毅、习仲勋等中央领导人。1960 年，人们都在挨饿，不少人患上浮肿和肝炎，我是剧院能坚持演出的个别人，想起来只有一个原因，因为我常常和郭兰英、赵青、刘淑芳等被召去为国宾演唱，每次都是周总理安排演出后的夜宵，难得地一次次给我们补充了营养。

## 周总理观看我主演的歌剧《茶花女》

1956 年，我参加了歌剧《茶花女》的演出，首演是在北京的天桥剧场，这个剧场是按周总理指示，学习国外剧院的规模建造的国内第一个不同于旧戏园子的现代化歌剧院。当天，周总理亲临剧场观看，我在演唱时，无意中周总理白净的脸庞和两道浓眉吸引了我的目光。但后来发现，他坐的座位空了，我想他可能太忙，中间退席了。后来才知道他换了楼上楼下几处不同角度的座位去听音响效果。演出结束后他上台来祝贺我们的演出成功，并对乐队说，请他们摆正伴奏的地位，拆掉“音墙”，不要用大音量压住演员的声音。当时的剧场有 1500 个座位，我们演唱是按照国际标准，不用“麦克风”电声扩大的。

## 周总理把我从农村调回，参加赴苏联的演出

1958 年年初反右运动后，我被下放到河北省抚宁县海阳镇崔赵庄，带着北京的户口到农村当了农民，和老乡同吃同住同劳动，九个月后回京探亲，见到剧院的同志们正在忙着置服装准备去苏联访问演出。想到自己，我怀着理想，放弃了高工资，幸运地考上中央歌剧院，可现在成了农民，虽不怕干重活，但公社化的大锅饭，粮食短缺，吃不饱，也不知道何时能重做演

员，剧院要出国演出了，没有自己的份儿，心里真不是滋味。假期结束，回到村里。当我往村里走的时候，村里的干部迎着我说："老李啊，北京调你回去。"原来是剧院按两国文化协定，要带歌剧和音乐会去苏联演出。周总理审查节目后，指出独唱水平不行，他所熟悉的几位歌唱家为什么没在名单上？剧院报告总理说，他们都被打成"右派"了。总理问还有没有不是"右派"的？于是才有了我被召回北京的事。

在苏联，我在克里姆林宫为苏共中央赫鲁晓夫等领导人演唱了柴可夫斯基的歌剧《叶甫根尼·奥涅金》中的连斯基咏叹调，演唱受到了欢迎。他们认为唱这首歌的人，一定是他们苏联培养的。因为声音和语言表现，体现了俄罗斯学派风格。其实我是听唱片学会的，根本没有老师的指导。

## 周总理调我回来为西哈努克亲王祝寿

1966 年"文化大革命"开始，我被批判为宣扬"封资修"，演才子佳人，成了挖社会主义墙脚的"蛀虫"。同时，江青说："什么歌剧院！京戏就是歌剧，歌剧不要了。"1970 年，我们歌剧院被下放到天津郊区咸水沽的部队去接受改造，务农种水稻。至此，我们就整天在小战士的领导下，下地干活和学毛选。"文化大革命"的第六年，1972 年的一天，突然我被调回北京，是为西哈努克亲王祝贺 50 岁寿辰，唱亲王写的歌。亲王提出，他的歌要抒情的歌唱家来唱，总理想到了我。

在祝寿音乐会后，中央人民广播电台见我进了人民大会堂，就约我去录了三首歌《北京颂歌》《远航》和《巍巍钟山迎朝阳》（庆祝南京长江大桥开通）向全国播出。当时很少有电视，广播电台除了样板戏就是语录歌，这三首歌向全国播出后，真是让广大听众耳目一新。记得“文化大革命”结束后，第四届文代会上见到电影表演艺术家孙道临，他对我说：“当时我们在农村，一天劳动完了，晚上集体听全国新闻联播，听完往回走的时候听到了《北京颂歌》，我们都站住了，虽然不报名字，但我们能听出是李光羲的声音，当时我们好多人都哭了，因为李光羲被‘解放’了，我们也有希望了。”就这样，多数人十年离开专业岗位，而因我的此次“出头”，后几年就以“抓革命促生产”的名义开始恢复了业务。

## 我唱《周总理，您在哪里?》

1976年1月8日，我正在家里吃早点，广播里播放了周总理逝世的消息，一时间我整个人像凝固了一样，过了一会儿摸到衣服前襟全湿了，眼泪已不自觉地流了出来。当时“四人帮”不让大家举行悼念活动。总

1977年由中国唱片总公司出版的唱片《鲜花献给敬爱的周总理》盘面。

理的灵堂设在北京医院一间不大的屋子里。人民对总理的感情是扼杀不了的。火化那天，总理的灵车在北京长安街从东向西行进，天是那么冷，但十里长街，挤满了流着泪要送他老人家一程的人们。若干年后，每当电视播放这个画面时，我们还是抑制不住悲痛的心情。

1977 年，文艺界为了纪念周总理逝世一周年创作了大量的诗词歌曲。当我接到施光南为柯岩的诗《周总理，您在哪里?》谱的曲时，怎么也唱不下去，拿起歌谱就流泪，嗓子也梗住了。大家开导我，要我把这首悼念周总理的歌唱好唱出去，以寄托亿万人民对总理的哀思和怀念，要我克服个人的悲痛，学习郭兰英，她可以一边哭着流着泪，一边还能把歌曲完整地唱好。那是我第一次艺术实践和强烈感情交织的经历。经过多次努力练习，算是能上台演唱了。然而到了台上演唱时，见到台下的观众都在流泪。我还是忍不住内心的悲痛，流着泪完整地演唱了这首歌曲。这首歌之所以感人至深，是表现了人民不愿相信亲人已逝去，还要去追寻他的足迹和呼唤他的名字。周总理生前给了人们最珍贵的人生启示，去世后又让我更深刻地认识到艺术源于生活的道理，而艺术的真、善、美，是要把“真”字提在前头的。

从 80 年代起，我担任全国政协委员 20 年，有幸接触到各行各业的精英、名人，大家只要回忆起周总理，都一致地表达出发自内心的崇敬之情。只要接触过总理的人都会感到他的真诚、亲切的关怀和他的爱。他是我们大家的亲人，他的胸怀是宽广的，他搞的是五湖四海，他团结了所有能团结的人，我们永远怀念他。

# 怀念，无尽地缅怀

赵忠祥

中央电视台著名主持人

## 一

在我心中，敬爱的周总理一直美好地永生，因为我的生命与这位伟人紧紧地相系相连。他是万人景仰、全民敬爱的总理，他的光华、他的风度、他日理万机的操劳、他对百姓的深情厚爱，亲历者动情，闻知者动容。他是党和国家的领导者，却又是平民百姓贴心的亲人。我这个千里之外芥豆之微的小小中学生，在68年以前竟然因他而让我走入了电视之门，走过了50多年艰辛却又充满荣耀的职业生涯。

## 二

1960年2月，我经过最严格的反复考试，从北京当年应届一万多名高中三年级学生中被挑选到中央电视台（原名北京电视台）当了一名电视播音员，在这个光荣而神圣的岗位上，我坚守了50个春秋。遥想从前，1960届高中毕业生人数不足当年高等院校的招考人数，这是新中国成立以来唯一一次罕见的情况。因此，北京教育局有一个规定，不允许在校高三学生有一人辍学。而央视当年却能大张旗鼓地挑选播音员，我是被破格录取的唯一一个，也是我那一届同学中唯一放弃上大学的人。50年的风风雨雨，我无怨无悔。在我的职场中，一个主要的任务是播报新闻，而新闻的重要部分是党和国家领导人的党政事务活动，毛主席、周总理的音容笑貌经常会近在我的眼前，电视新闻早年就是新闻影片，而我就是要承担配音解说的重任。在这样的岗位上，虽不能像领导人身边工作人员，不离他们左右，但我会经常在最近的角度临近敬爱的领导人，其实我多次在各种场合一睹周恩来总理的神采。那个时代大家都亲切地评价我们的总理是一位风度雍容优雅的美男子，在国际交往中他的神情举止让中国人骄傲和自豪。我每次有机会目睹总理的风采都会感受到一种震撼。

## 三

身为国务院总理，日理万机，但我们广电人心里却十分清楚，广播局直属国务院，周总理是全国人民的总理，也是我们的最高最直接的领导。因为差不多天天会播报他的国务活动，似乎感到我就在总理身边工作似的，对总理格外敬仰也更加亲近。他出席日内瓦会议，他访非洲十四国，他参加万隆会议，在那不知疲倦的外事奔波中，总理格外神采奕奕，举手投足中充满了亲切和蔼的谈笑，而在坚持我方正义立场时，又正气凛然，不怒自威的神情，感染了我们每个新闻工作者。我觉得我们播音员大都会以周总理的气度与神髓融入自己的播音状态中，那是必然的，因为总理的情态风范烙在我们每个人的心头。总理也十分关爱我们这支队伍，他说过电台播音员就是推广普通话的教师。

## 四

我在播报新闻时，就会自律，让自己在镜头前体现总理的爱憎分明的正义立场和总理的庄重而有担当的宏伟非凡气度。当然我差得太远太远，而位卑不敢忘忧国，总理永远是我们最完美的楷模。1964 年，在那段历史时期，关于国际共运，中苏之间产生了分歧与论争，中共中央发表了九篇政论，史称“九评”。中央人民广播电台承担播报重任，著名播音员夏青时任主播。夏青老师当时正值事业鼎盛时期，遇到录播这一系列华美而又充满正义感的文章真是千载难逢的机会。他的声音铿锵有力，极具穿透力。在对“九评”充分理解的基础上，夏青老师慷慨激昂的声音完美地表达了文章的语言感染力。夏青的播报感染了受众，也感染了中央领导。“九评”还未全部播完，周恩来总理、邓小平副总理就来到广播电台，表彰慰问参加“九评”报道的工作人员，并于当晚在人民大会堂设宴慰问有功人员，总理让夏青老师坐在他身旁，嘘寒问暖。我那天应在参加活动之列，但由于当晚我值新闻班未能出席盛会。总理深情地讲了话，并当场决定，因播音员是党的喉舌是特殊工种，他们的嗓音需要营养，今后每个月由国务院拨款给全国播音员每人发四斤鸡蛋，那是困难时期刚过呀！同时，总理决定从国务院拨专款给全国播音员提一至三级工资。这是“一人立功全家光荣”，夏青以他里程碑式的播音作品，为全行业带来了荣耀。同时，周总理对我们的厚爱，使我永远铭记在心。

## 五

在老一辈的文艺家中，几乎我认识的每一位都会深情怀念当年周总理对他们个人的无微不至的关怀与指点，细到一招一式，一腔一调；我真的以为这几乎是个神话，人民的总理怎么会有那么多时间关怀到那么多人呢，可这又是历历在目的事实。进入上世纪 70 年代，尽管总理精神矍铄，不知疲劳，但我突然察觉到他日渐消瘦，两鬓有了白发。但我万万没有想到这时总理已然是重病缠身。我是这一时期他接见大部分外宾时的见证者和播报员，直至看到他老人家在最后一次公开接待外宾时已步履蹒跚。

1975 年 9 月 7 日下午，周总理会见罗马尼亚党政代表团，这是他老人家生前最后一次会见外宾。我是在傍晚录制这条新闻的，当看到总理身体极度衰弱，步履蹒跚时，我十分难过。我独自在播音间，久久呆坐，泪水不知不觉流了下来。……

## 六

1976 年 1 月 8 日，晴天霹雳，当时我觉得天仿佛塌了，我无法面对这令人痛彻心扉的噩耗……

如果我是一般的工作人员，我或许会抱头痛哭。但我有天大的重任，我将独自在解说间，一个人独自承担播报讣告与告别仪式的全部使命。

我真的不愿承担这个任务，我也真的难以说出口呀！但历史就是这样把我推到了这个坐标点。于是，三天三夜我没离开岗位，尽了一名党和人民播音员的职责，也尽了一位晚辈的心意。

从那以后很长时间，每当我耳畔响起低回的哀乐，便心如刀绞，我会暗自神伤。直到现在，我还很难回顾当时的播音情景，那是字字血声声泪呀！但又不能失声痛哭……

往事如潮，不思量自难忘。从此，我似乎更理解了什么是人生，什么是命运……

在周总理逝世多年后，一位人事处老同志告诉我："你知道吗？你当初来电视台，就是周总理亲自批准的"。我默然，我无言，我的命运的关键节点竟是这位我无比敬重的伟人安排的。我没有在任何场合说起过这段往事，即使在我的事业低谷时，我也不曾向别人说起过。如今，我早已年过古稀，往事已远离了我，但我会在余生经常骄傲地想到我是敬爱的周总理的一名小兵，他以言传身教昭示我永远为人民服务。

# 唱片·照片

瞿弦和

中国煤矿文工团原团长，著名朗诵表演艺术家

我从书柜中拿出一张珍藏了40年的老唱片，素雅的包装，封面上那棵落满雪花的松树依然挺立——中国唱片社1977年出版的标号为M 2256的配乐诗朗诵“一月的哀思”。

收藏它，不仅因为担任诗朗诵的女演员是我的夫人张筠英，更重要的是诗人李瑛的这首长诗描述了“十里长街送总理”的千古难忘的场面，表达了“人民总理人民爱”的百姓心声。那个年代没有光盘、U盘，连录像带都极为少见，只有在首都体育馆演出的黑白照片，所以这张唱片格外珍贵。

> 我不相信一九七六年的日历，
>
> 会埋着个这样苍白的日子；
>
> 我不相信，死亡竟和他的生命
>
> 连在一起……
>
> 我要做一只小小的花圈，献给敬爱的周总理。

唱片中激情饱满的朗诵声，记录着那难忘的时刻，记录着中国人民撕心裂肺的伤痛。

那一年我的父亲已身患半身不遂，周恩来总理逝世的消息传来，坐在藤椅中的他，老泪纵横。父亲平日沉默寡言，性格刚毅，我从没见过他流泪。父亲是八一南昌起义和广州起义的参加者，时任周恩来领导的教导团教导员。尽管从海外回国后，再没有见过周总理，但父亲却在不停地重复“他是个好人、好人！”人民日报2007年8月3日为建军80周年，刊登了父亲的遗作《忆八一》表达了他对那段战斗生活的回忆。

我和夫人张筠英有着共同的经历，童年时代都曾代表全国少年儿童向伟大领袖毛主席献花，她是1953年在天安门城楼上，我是1955年七一党的生日在中山公园中山堂。那时我们都见到了周总理。筠英还留存着在天安门城楼上周总理与她亲切交谈的照片，我更不会忘记在中山堂内的长沙发上，周总理亲切地询问“在哪个学校上学？叫什么名字？”

1953年国庆节，毛主席、周总理等党和国家领导人在天安门城楼。右二是张筠英。

1977年，在纪念周总理逝世一周年和纪念周总理诞辰80周年的诗歌朗诵演唱会上，我朗诵了诗人柯岩的诗作《周总理，你在哪里？》，这是一首感人肺腑的诗篇。在灯市口煤渣胡同的宿舍楼里，柯岩老师向我讲述了她的创作过程和对朗诵的要求，前四段是高山、大地、森林、大海呼唤周总理，柯岩老师细腻地示范了回声，而当她读到

我们找遍整个世界
回到天安门广场
广场回音，轻些、轻些
他正在政治局出席会议

这段时，她再也控制不住，潸然泪下！此情此景，令人难忘。我带着这种感受走上舞台，按照这样的艺术处理表达了共同的心声，得到了观众的认可。我至今保存着两张当时演唱会的请柬，就是观众送给我的。

周总理辞世后，人们很自然地把对周恩来总理的怀念，倾注在他的战友、夫人邓颖超那里，每当邓颖超出现在各类公益活动的现场，人们都会把崇敬的掌声献给她，这不仅是对邓妈妈的尊重，更是对周总理在天之灵的敬意。幸运之神降临在我和当时在北京景山学校读书的儿子瞿佳身上，我们父子先后都被邓妈妈接见过！

作者保存的两张请柬

2008 年周总理

的故乡江苏淮安举办纪念周总理诞辰110周年诗会，我和夫人张筠英再次登台演出。她朗诵了邓妈妈的《海棠花祭》，我依然朗诵柯岩的《周总理，你在哪里?》。全场观众充满了对周总理的深情思念。

又是10年过去了，唱片和照片留存着不可磨灭的记忆，老一辈无产阶级革命家周恩来、邓颖超的光辉形象永存人们心间。

歌曲：你是这样的人（刘欢演唱）

# 周总理真是一位不同凡响的伟人

陈　铎
中央电视台著名主持人、著名朗诵表演艺术家

日复一日，年复一年，光阴似箭。眨眼间，我竟然过了 77 岁，开始食用人生第 78 个年头的粮和水了。到了这个年龄，自然会回望历史。看过的东西不少，听到的内容也很丰富，所经之事、所遇之人也是难以计数。恩情难忘，教诲难忘，榜样也难忘。放下父母兄长、老师、亲朋之情与恩，这里，我特别要说的是难忘的榜样。

最能受榜样影响的是我的少年、青年时期，那时我崇拜并学习的榜样有苏联的保尔·柯察金和卫国战争中的卓娅（丹娘）、马特洛索夫、阔日杜布、波列伏依等英雄，有董存瑞、黄继光、杨根思、邱少云、罗盛教、雷锋、王杰、欧阳海、焦裕禄……从少年到现在，我极其钦佩的，就是敬爱的周恩来总理，唯其一人。

因为我是江苏淮安人，年少时听说有位同乡“了不起”，是住在“驸马巷”的，虽不懂这位同乡是怎样的了不起，但对这位了不起的同乡，自然是敬重有加，甚而可笑地以为住驸马巷

的，大概就是一位“驸马”。终于，我懂点事了，才知道这位了不起的同乡就是敬爱的周总理啊！钦佩、自豪之情也越来越浓地化入我的情感之中，及至中学毕业要到北京工作，迈进广播电视事业的大门时，父母亲友还嘱咐我：到北京，就有机会见到周恩来了，要好好跟他聊聊……

1958 年 9 月 1 日，我正式报到，迈进了中央广播事业局的大门，开始了我的广电生涯。作为中央国家机关的年轻人，少不了会多次参加夹道欢迎来华访问国宾的群众性活动，这就有多次亲眼目睹周总理陪着外宾乘车在眼前通过的机会。

1960 年 9 月 28 日缅甸总理吴努来访，接待欢迎的方式改为我国领导人在机场迎接吴努后，由首都机场乘车一起到木樨地下车，然后沿着三里河林荫道步行到钓鱼台国宾馆。欢迎的群众就在这近一公里长的林荫道两侧夹道欢迎外宾。这是一次外交礼宾改革。我参加了这次欢迎活动，站在路东侧的队伍中。当欢呼声、掌声响起时，我看到周总理、陈毅副总理和公安部部长罗瑞卿大将等领导同志面带微笑，陪着吴努由南向北缓步走来。这是我

周总理陪外宾步行到钓鱼台（陈铎摄）。

第一次近距离见到周总理，而且是看着周总理一步一步地越走越近。当时，我还兼职摄影工作，机不离手的我，自然就带着照相机站在欢迎的队伍里。就在周总理和吴努走到跟前时，我按下相机快门，留下了这张周总理在北京三里河路上接见外宾的特别照片。

广播大厦当时是北京西部最漂亮的新建筑，当夜幕降临后，在长安街上从东向西望，夜空中凸显的广播大厦，犹如透明的水晶宫殿，很美！中央人民广播电台、中国国际广播电台、中央电视台（时为北京电视台）、中国唱片社及局机关的各部门等，全都挤在广播大厦及其院内上班。我当时所在的中央广播电视实验剧团，是由1953年成立的中央人民广播电台广播剧团，整建制于1958年扩编而成的，是全国唯一专门从事广播电视节目生产制作的艺术团体，特别担负着探索电视节目生产制作和播出的任务。因此，在广播大厦建成启用后，全团被特别安排在广播大厦的八九层办公。新大厦投入使用后，周总理来视察时，还特别安排在大厦一楼的音乐厅，由广播电视剧团的演员赵玉嵘、陈聪为总理表演朗诵节目，广播说唱团和广播民族管弦乐团等的文艺工作者表演了曲艺和民乐节目。

我知道周总理非常关心和重视广播电视事业，会经常到我们机关来，但也不是就能碰到他的。每天晚时，特别是下班后近傍晚时，我常常会坐在广播大厦八楼我办公室的窗台上，呼吸着北京为数不多的高层建筑外的空气，眺望着复兴门和大厦东西北的景色，特别是西望晚霞，真是心旷神怡，美呀！俯瞰楼下广播大院的大门，人们的上下班及有限车辆的进出，也是一道有趣生动的风景。渐渐地能判断出，只要楼下大院门口增加值勤人员了，当有车体较大的小轿车驶进驶出，在院门站岗的警卫又特别挺胸敬礼时，就一定是有重要人物来我们广播大厦了。我会在看清这大型小轿车的停车位置后，跑到电梯旁按下乘梯下楼的按键，急忙忙地去楼下院里看车。没看到乘车人，但知道了“吉姆”车，“吉斯”车是领导同志、首长乘坐的车，也了解到周总理来我们这儿多是乘“吉姆”车，乘“吉斯”车时往往是有国事活动。

说起来，也是有些可笑，作为一个渴望能见到周总理的青年人，我竟然会经常偷空跑到大厦院内的停车场，去看看总理的车是否在这里，总想能有机会见到久已心向往之的周总理。

广播大厦六楼中间曾是个很大的、占两层楼挑高的宽敞明亮的阅览室。这里，曾经作为电视台的临时演播室，直播过春晚电视节目，还有用胶片拍摄、供对国外宣传用的节目，如为《天鹅湖》而特地铺设过一部分钢化玻璃，以突出舞蹈的倒影效果。有时，周总理、朱老总、陈毅等领导人也会到这里来跳舞休息。舞会多是由广播管弦乐团或广播民乐团伴奏，还有陆青霜、沈文娟、王玉珍等歌唱家伴唱。参加舞会的多是机关里各部门的编播人员、外国专家及夫人和我们演员。

六楼有舞会，必有动静在先。每当我从八楼窗户看到有大“吉姆”车进院了，就知道有首长来了。如果没有什么离不开的工作安排的话，我就会按照自己已经掌握的规律与节奏，从八楼楼梯缓步下楼，经过仅有的七层一间小屋（曾是我洗印照片的暗室），听到电梯的声响下到六楼时，往往能跟正走出电梯的周总理恰好“相遇”，我跟总理打招呼问好，总理也会跟我点头微笑。一次、两次，我也就“混”进舞厅，开启了我跳舞、习舞的实践活动，更是有机会欣赏周总理潇洒的舞姿。

有一次，见到总理突然停下舞步，松开舞伴的手，随人离开舞场了，我以为周总理走了。待我出舞厅由走廊经过一个办公室时，看到我们的老局长梅益同志（周总理在某次跳舞时曾说起过，你们的梅益是从来不跳舞的）正和总理说着什么，总理手里拿着几页纸，原来是我们老局长正向总理汇报什么呢。过了一会儿，总理回到舞厅，继续汇入舞群跳舞。

后来，六楼作为阅览室，有了不少桌椅，不便开舞会了，就转而移到大厦三楼的大会议室。三楼比六楼的场地大约小了三分之二，参加舞会的人员也少了，靠墙放的也就是普通的靠背椅子。一次，舞曲终了，总理恰好就在我旁边的椅子坐下了。终于有机会同总理说话了，我鼓足勇气用淮安话问候总理。总理盯着我看，边打量边问：你是淮安人？我回答：祖籍是淮安，我在上海出生长大。总理问：你家是在淮安的什么地方啊？我说：北门外，河下的。总理点头说：哦，河下，离驸马巷不远噢……我的淮安话并不地道，说着说着就不会说了，因为我还没去过淮安，到北京广电系统工作又是必须使用标准的普通话。总理说：推广普通话，你们有责任啊！周总理亲切、和蔼、慈祥，就像父辈那样跟我聊着天，这就更加坚定了我一定要克服南方口音，练好标准普通话的决心。一个年轻小伙子，竟然就这样跟共和国的总理聊天说家常！心里的滋味啊，甜美、兴奋！当然，我心里是扎扎实实地种下了向总理学习做人、做事的心愿，他老人家是我永远的榜样！

中央广播电视实验剧团，除了担负日常广播文艺节目的制播外，更要研究探索电视节目的直播，特别是直播电视剧的生产制作及工艺流程。因此，制播广播和电视节目是我们的首要任务，朗诵是日常基本工作，作为提高和巩固业务水平的需要，排演话剧（舞台剧）是我们极好的锻炼手段。

听老同志介绍，1956 年我们团排演了曹禺先生的名剧《北京人》，周总理就曾看了这个演出。因为有事，总理到场时戏已开演，等整个演出结束后，总理特意登台欣赏了戏中的一个片断——李晓兰扮演的愫芳与赵丽平扮演的瑞贞的双人戏。摄影记者游振国拍下了当时的场面：所有演职员都聚在舞台上，同周总理一起观看“愫芳出走”这一段双人戏，周总理站在舞台右侧抱着双臂，略略歪着头专注地看着两位演员的表演。总理和曹禺先生都夸赞我们演得好。当时我们的舞台演出，发挥了广播节目制作的特色，将事先选定的音乐用录音机通过扩音喇叭播放到舞台和观众席，配合演员的台词和表演情感，推动剧情发展，我们称之为“配乐”。此举曾引发了文艺界的褒贬争论。欢呼者认为，配乐充分体现了话剧能综合各种艺术手段的效果，配乐的使用，帮助了表演与情感的升华，增强了感染力……贬论者认为，这还叫话剧？干脆改名叫歌剧得了……曾几何时，60 多年来，哪一个戏会没有配乐呢？

1962 年，我们又一次排演了话剧《北京人》。我作为音乐编辑及音响操作参与了。演出时，我是在舞台前的乐池里操作录音机、扩音机，配合剧情和演员的表演，放送音乐或音响效果的。某日，在广播剧场演出时，接到通知有领导来看戏。我像往常一样，开演前已在乐池就位做好准备，等观众席场灯转暗后的几秒钟，就开机放音乐，可这场演出特别，到了观众席该熄灯时竟然没熄灯，而观众席里突然响起了一片热烈的掌声，我轻轻拨开头上乐池沿的挡布，向观众席望去，原来是周总理来看我们的演出了！楼上、楼下的观众从座位上自发站起来，向着总理热烈鼓掌。周总理身穿深色服装和李先念副总理面露微笑，边向观众招手示意，边走向座位。总理走到座位后并没有马上坐下，而是站着向楼上和楼下的观众打着手势，示意请大家坐下，然后他才和先念同志一起坐下，等候开演。观众席的灯光变暗，我在乐池操作录音机，放出了话剧《北京人》的开幕曲，演出准时开始了。在每一段配乐和音响工作的间隙，我都会轻轻撩开乐池的挡布，向周总理的座位望去，周总理始终是非常专注地注视着台上演员们的表演，偶尔会侧头听先念同志讲什么，间或小声与先念同志说几句，但他的眼睛始终是注视着台上的演员们。

看来，周总理的确是喜欢《北京人》这部戏，也喜欢我们剧团的表演，所以我们两次演出《北京人》，他都会来观看，我期待着整个演出结束后，总理还会再次登上舞台，同演职员们见面。因为我还兼职摄影工作，所以，我抽空也将照相机和闪光灯都准备好了，记得大约是演出过半了，在两幕戏之间，等待启幕时，我看到有位男士在总理身边说了什么，总理点点头，还低头大概是抬腕看了看手表，估计是工作人员告诉总理有什么新的安排了，所以他会看手表，掌握时间。演出的最后一幕，也是我工作量较多的，因而回头看观众席的机会也就少了许多。当我又一次把目光投向观众席时，却发现总理的坐席空了，不知总理什么时候离开了。我心想，也许总理是上厕所临时离开一下？转念一思，不对，总理是很尊重人的，他绝不会因自己个人的情况（例如喝水、上厕所等）不顾台上正在演出的艺术家们而离席的。演出一结束，我关上录音机、扩音机等音响设备，抓起相机就跑向舞台，等我从乐池跑到台上侧幕时，看到演职员们都已集中到闭了幕的舞台上，正列队等候总理到台上来跟大家见面，不一会儿，来了一位领导同志说："大家辛苦了，今晚周总理抽空专门来看你们的演出。"有人插话说："周总理是第二次来看我们演的《北京人》啦。"领导同志说："是的，周总理很愿意看你们的演出，但今晚临时有事，没能坚持看完你们的演出，他很抱歉，要我代他谢谢大家了，大家辛苦了……"我的周围弥漫着一片细微的叹息声，大家和我一样，为失去见周总理和聆听总理教诲的机会而叹息。

史无前例的"文化大革命"开始了，周总理更是日理万机，很少到我们广播大厦来了。"文化大革命"开始后那一年的某个秋日，在北京工人体育馆主席台上，周总理身穿军装，胸前佩戴着毛主席题写的"为人民服务"的胸章，双手支撑在讲台上，面容明显地憔悴、疲惫，声音也显得有些嘶哑。他讲着讲着突然发现了正在主席台拍照的我，盯着我看了几秒钟，同时一边还在讲话，从他的表情中，我感到他注意到我了，并且在想这是谁？是在哪里见过的？总理一边讲话，一边时不时侧转头盯着我看，眉宇间一个个问号。我明白他是在想，在回忆。后来，我知道，感觉到他是想起来了。因为他转头在一次盯着我看了一会儿之后，眉毛松开了，并且冲着我微微一笑，我顺着他的眼神也微微笑了一下，还点头向他作无语的问候，他也朝我轻轻点了点头，他始终没有中断讲话，但我在与总理目光的对视中，完完全全清清楚楚地感受到，总理是认出我也想起我是谁了。在这只有我能察觉感受到的微笑与点头之后，总理就再也没有侧身看我直到讲话结束离开时，才对我摆了摆手。

周总理敬业辛劳、不为私利，顾大局，为了人民和党的事业，一辈子鞠躬尽瘁。在周总理品德、思想、言行和作风的影响下，我逐渐抛弃了自己认为成天“演戏、朗诵、唱歌，怎么保卫祖国建设祖国”的偏执想法，能认真、踏实地对待每份工作，进而认识到，工作需要就是革命需要，革命需要绝不能挑挑拣拣，更不会拒绝任何交给我的工作，而且能在任何岗位上都竭尽全力工作，不计个人得失。因此，我能服从工作需要，主动放弃在我国第一部大型直播电视剧《新的一代》（向国庆10周年献礼剧）中扮演男主角后获得的光荣与好评，改行兼职默默无闻的音响工作，并发展到正式兼职演员、音响、音乐、摄影四个工种，业余写稿、编剧本，成为身兼多职、全面发展的青年人。后来我参与筹备《人民广播事业25周年》展览、广播录音馆、国家音响资料建设等许多重要工作。

周总理待人接物的态度、情感，有口皆碑。凡是接触过总理的人，不论是哪行哪业哪个界别的，都发自内心，由衷地钦佩他。

我岳父周家珩是石油系统的老知识分子，也多次受到周总理的接见，岳父同我谈起周总理时说，周总理真是一位不同凡响、极其难得的伟人！同他见面谈事甚至握手，你都不会觉得他是高高在上的国家领导人，他不会让人拘谨，他会让你感到自己是在跟一位朋友、一个同事，一起谈事、见面。我岳父说，周总理待人亲切和蔼，认真细微，知识面很广，很了不起，难怪有这么多人佩服他！有这样的总理，是我们国家民族的幸运福分啊！

我结婚后，在狭小但温暖的小家的墙上，挂上了周总理的一张画像。至今，我的书柜里还留有画家李琦画的周总理的画像和有关周总理的好多本书，书房里有周总理的铜像。

专访：杨振宁讲述周总理对科技教育界人士的重视

# 演周总理，重塑我的灵魂

王铁成

电影表演艺术家、周恩来特型演员

回想我这一生走过的路，觉得最大的收获就是我演了周总理这个角色。因为我接触了这个角色，我演了他，使得我在人生、在思想、在感情各个方面，都有一个很大的提高。同时也使我自己的内心有了安慰。

记得第一次在戏校排练场彩排一场话剧，当时总理逝世刚一周年，我演周总理，一上场，后面所有的人全部挤到台口，挤到观众席的过道上，凝神地盯着我的一举一动。看完之后大家就流眼泪，就听到一片抽泣的声音。我一讲话，底下就鼓掌，这已经不是看什么话剧，而是体现了当时老百姓对于总理的那种怀念。

这些年来我接触总理这个形象，可以说是“每日与君神交”，就是老想象总理，想象他的所作所为。比方说：大公无私，光明磊落，顾全大局，鞠躬尽瘁，兢兢业业，一丝不苟，废寝忘食，夜以继日，满腔热情，不辞辛劳，谦虚谨慎，艰苦奋斗，艰苦朴素，严于责己，呕心沥血，平易近人，任劳任怨，和蔼可亲，严肃认真，平等待人，克勤克俭，不徇私情，一尘不染等这些。他对待敌人是不避风险，赴汤蹈火，在所不辞，不屈不挠，从容镇定，旗帜鲜明，顽强战斗，无私无畏，坚忍不拔，机智果敢，一往无前，多谋善断，奋不顾身，大义凛然，不畏强暴，坚持真理，坚持原则，镇定自若，果断沉着，坚苦卓绝，机智敏锐。很多这样的话，都要在扮演总理的行为当中去很具体地体现出来，这对我是一个很大的教育。

我非常感谢命运给我演总理的这么一个机会，也可能由于演了周总理，我从一个不关心国家大事、也不关心自己的生活道路、没有什么生活目标的人，现在有了一些思想上的收获，能够正确地对待人生，正确地对待党和国家的事业，这都是与我接触总理这个角色分不开的。我跟任何人都讲，我们有一些事情真正想解决的话，就应该看看周总理他是怎么去做的，我说这是很好的解决问题的办法，能解除一切苦恼，不然的话你都是苦恼。你比方说：我虽然和总理的距离相当大，但是在学习当中我就是变成了一个什么呢，就是用他的思想，学习到的一些好的人格，用他的行为，来重新塑造我自己的灵魂。所以从这一点上说，

王铁成饰演的周恩来形象。

我的收获比得什么“金鸡奖”“百花奖”，比这些都大有用处。一个人的人生总归不是这样就是那样，我非常庆幸我能够和总理生活在同一个年代，而且我又非常幸福地去演了他。我在演《周恩来》电影时，捆着绷带，我6根肋骨断着，连续21天上戏。我瘦了16斤下去。我爱人跟化妆师都看见我身上没什么肉，心疼地说：“别再饿了。”我说：“不行，我还达不到这个标准，免得到时候后悔。”这个力量是哪儿来的呢？都是从总理的行为中体悟出来的。

我们对亲人的感情，对朋友的感情，对战友的感情，对党的事业，对人民的感情，有像周总理这样这么浓厚吗？为什么在临死前的时候，他还在想着对我们的事业有过一些帮助的老朋友，比如在台湾的张学良。他如果没有很浓厚的对待朋友的这种感情，他想不起来。在贺龙追悼会上七个鞠躬，周总理痛哭流涕，当时已经身体非常瘦弱，得病到那种程度了，那他是一种什么样的心情！他觉得对不起贺老总，他觉得他没保护好他……他有很多难言之隐。

他在日内瓦给邓颖超写信，邓颖超给他捎去家里的海棠花，他也从日内瓦剪下花，让信使给带回来。他到杭州去，给邓颖超写信，最后有这么一句说：忙人想病人，不如病人想忙人真切。

比方说他对于生死，他20几岁在欧洲的时候他就讲：“生死参透了，努力为生，还要努力为死，便永别了又算什么？”这是听到了他一个国内的同志被杀害了以后他说的。他为什么不写“想透了”，而是“参透了”。参禅，我就觉得他一定对佛教有所研究。他一生当中17次遇险，最危险的一次就是延安劳山。直到总理逝世的时候，在他贴身的衣服里边，就存留了一张和陈友才等 3 人的合影照片。陈友才这个人长得像周恩来，在劳山遇袭时被敌人误以为是周恩来给打死了。这是一种什么样的感情，是一种什么样的寄托！

翻开讲述周总理的这些书籍，对我的帮助确实是相当大的。所以我非常庆幸有这样一些书籍出现，我非常庆幸我有这样一个楷模，有这样一个榜样，让我能够去学习他、表演他。

# 周总理最关心我们下乡知识青年

侯　隽

天津宝坻政协原主席、著名插队知识青年代表

在我们成长的过程中，周总理付出了大量的心血，应该说我当年能够成为城市知识青年，立志成为新农民的典型，完全是总理亲自发现，亲手培养教育的结果。现在总理离开我们有四十多年了，但是那些难忘的往事，幸福的往事还是历历在目。总理对我的关怀，亲切的教导，给我终身的力量，总理的光辉形象，高尚的品德是我们世世代代学习的榜样，所以我时时刻刻都要求自己、鼓励自己，学习总理鞠躬尽瘁为人民服务的忘我精神，堂堂正正地做人，扎扎实实的干事，不管干什么工作，都要求自己这样做，尽管做得还不够好，但是我觉得这样做是我对总理最好的纪念和回报。

总理离开40多年了，但是每当想起他，我都忍不住热泪盈眶，我想就算是自己的父母，死了四十多年也应该不会想起来就哭。可是我们总理呢，就不一样了，不管我的家人也好，我的亲戚朋友、同事、谁也不敢在我的面前提起总理，只要一提起来，我就想起过去那些难忘的往事，幸福的情景，就会引起

我哭一场，所以大家都不在我面前提起总理。

我们敬爱的周总理最关心我们下乡的知识青年，我又是让他操心最多的一个，我是1962年高中毕业以后，自愿从北京下乡到宝坻县武家桥插队落户的。在1963年，也就是在我下乡一年多的时候，当时也就是在我最困难的时候，总理听说了我下乡的情况，就派人来看望我，这给了我极大的鼓舞，当时黄宗英为我写了篇报告文学《特别的姑娘》，想在《人民日报》发表的时候，因为我的出身不好，遇到了些麻烦，也是敬爱的周总理说了话，才得以发表的。自从总理听到了我的名字以后，就对我这棵弱苗百般的爱护，精心的培养，经常过问我的情况，尤其是在“文化大革命”当中，如果没有总理的保护，我是很难度过那段时光的，而且我还六次受到总理的亲切接见，我最难忘的是1971年的5月6日。那天总理从一篇报道上知道了我在北京住院，就叫他的秘书找我，直到晚上11点多才找到我，他通知我到人民大会堂。去了以后总理秘书跟我说：总理在开会，开完会后，他要接见日本农业农民第二次交流访华团，让我和另两位农民代表也参加，当深夜12点多时，总理开完会出来，我们几个迎上前去，跟他老人家握手，总理拉着我的手，对我说：我早就知道你的名字，只是没见过你。我说：我见过您，当时总理诧异地问：什么时候啊？可是没等我回答，他就又想起来了，说是河北省劳模会上吧？当时我暗自赞叹总理的惊人记忆力和他对我们知青的关心，说那时他只是在主席台上，见到邢燕子时问起来我参加会议没有，他从邢燕子口中知道我也出席了会议，而且时隔六年多了，没想到他还是记忆犹新的。其实那是我第二次见到周总理，第一次是共青团九大时，当时我站在总理面前，就像一个受了委屈的孩子见了娘似的，喉咙哽咽，差点哭出声来，当时总理握着我的手，问我叫什么名字，因为我光想着哭，又不敢哭，所以强忍着哭声，回答的声音特别的小，总理也没听清楚，所以就没留下什么印象，直到这第三次接见，总理才算把我这人和名字对上号了，那天总理对我说：我是从我的一个朋友那儿知道你的，我说：她是黄宗英。当时总理问了黄宗英的一些情况，给了她很高的评价，还对我说：你们为人民做了好事，人民是不会忘记你们的。就是周总理这第三次接见我，时间最长，不仅他接见外宾的两个半小时我们在场，而且接见前后，还跟我们交谈了近一个小时，其中跟我谈话最多，总理问了我的身体状况，问了我爱人的情况，和我们村知青的情况，特别是关心我们的生产，还问了我们村的生产情况，我都一一作了汇报，那天的谈话直到清晨四点多了，总理的秘书过来劝他休息，这时总理才站起身来，握着我的手说：实在对不起，头一次见面，就耽误你这么长时间。当时我看着总理谦和的态度，心头一热，也不知道说什么好了，我傻乎乎地冒出一句，总理您什么时间休息呀？天都快亮了。可总理笑笑也没回答，却问他的秘书，安排我到哪儿休息？告别以后，总理转过身去，可是没走出几步，就又回过头来，一看我还站在原地，恋恋不舍在那儿目送他，他就大声地问："哎，谁管她呀？"他的秘书赶快跑过来说：有人管，拉着我就往外走，总理一直看着我走出门了，才又放心地转过身走了，所以我们的总理呢，对人真是体贴入微。

那次接见的时候，总理还向我们三个农民代表询问农村计

1971 年 5 月 6 日，周总理接见全国农业劳动模范殷维臣（左三）和全国先进知识青年代表侯隽（左一），向他们了解农业生产情况。

划生育的情况，当时也问我，说侯隽你避孕了吗？我说没有，总理批评我说：你怎么不避孕呢？还问我说：你们那儿有一个月一片的避孕药吗？我说我都没听说过，总理说：怎么会没听说过，就是天津搞的吗！你可以去要点呀。当时我没做什么解释，可是没过多久，忽然我接到了妇科专家俞蔼峰的一封信，信中写道：总理捎来口信，叫我向你宣传避孕，而且还告诉我，他们那儿有一个月一片的避孕药，叫我去取。读完信我是后悔莫及，当时我就想，我真该死，怎么又让总理操心呢？我们敬爱的总理从来都是这样，心里只装着人民，根本就不顾及自己，就对我这么一个普普通通的小青年，也是从政治到生活、从思想到工作，许许多多、大大小小的事，他全挂在心上，为我的成长倾注了无数的心血，所以每当想起这些，我就特别感动。所以这么多年了，总理对我倍至关怀，亲切的教导，给了我们终生的精神力量，总理高尚的品德、光辉的形象，是我们世世代代学习的榜样，所以我总勉励自己，要学习总理鞠躬尽瘁为人民的忘我精神。

专访：徐信讲述周总理与邢台地震

# **永远的怀念**——忆我与周总理几次见面的难忘经历

赵玉嵘

著名导演、演员、朗诵家

敬爱的周恩来总理去世已经四十余年了。可我从来都没有觉得他远离了我们。每当想起他，他的音容笑貌总会鲜活生动地浮现在我的眼前……

我这辈子最幸运的就是，作为一个普通的文艺工作者，能够有缘和这位伟人近距离地接触过好几次。当时的情景，至今我都记忆犹新、历历在目……

那是 1959 年初，落成不久的广播大楼，巍然屹立在长安街西侧的复兴门外。它和新中国成立十周年建造的十大建筑一样，光彩照人、夺人眼球。那时，电视事业还处于萌芽状态，广播才是影响全国人民，以及将中国声音传播至全世界的最主要的媒体。高度重视广播事业的以毛主席为首的中央领导人分别为新建的广播大楼书写了“努力办好广播，为全中国人民全世界人民服务”这样内容的祝贺词。春节期间，周恩来总理还通知了有关方面表示要亲自到广播大楼来视察。闻讯后，广播事业局领导为迎接总理，立即下令由说唱团、合唱团、民乐团、管

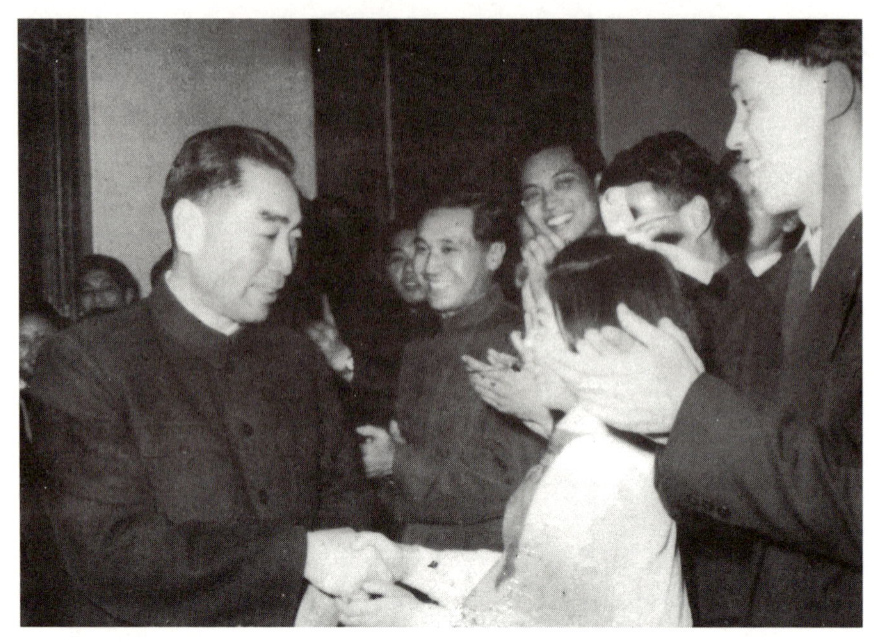

赵玉嵘紧握周总理的手恳求道：“周总理您给大家讲讲话吧！”

弦乐团和广播电视剧团的中央广播文工团组织一台小型演出。我们中央广播电视剧团被派到的节目是诗朗诵。团领导认为节目以轻松愉快为宜，就决定由刚从上海选拔至北京的，曾经是上海少年宫小伙伴艺术团戏剧朗诵队骨干的两位新演员——被人们称作“小青年”的我和陈聪（小名小聪），来为周总理朗诵两首生动展现少年儿童活泼性格的诗作。小聪朗诵的是中国著名作家柯岩写的《帽子的秘密》，我朗诵的是苏联著名儿童作家阿·巴尔托写的《白鹭》，我的这个朗诵主要展现的是一个调皮男孩对一只可爱的小白鹭鸟爱不释手的有趣故事。它曾让我获得了上海电影制片厂儿童故事片《小伙伴》担纲领衔主演的机会；它也是我考中央广播电视剧团时博得考官们喜欢的一个主因。剧团领导认定我的这个朗诵在为总理演出时会有好的效果，就迅速把还在上海探亲的我叫回了北京。果然，演出结束后，总理上台接见全体演员，当我按团领导陈庚同志的嘱咐一而再地恳请总理给大家讲讲话时，亲切地拉着我手的总理竟会凑近我悄悄说了句“你说的比我好，我就不说啦!”虽说这纯粹是句玩笑话，可也在一定程度上证明团里这次选定给总理演出的节目确实是得当的。随后，摄影师安排大家和总理拍合影照时，站在中心位置上的总理还把我和小聪拉在他的两旁，看着因表演人物需要而胸前戴着红领巾的我俩，他颇有兴趣地向我们提问。记得当时，我兴奋得只知道笑，在他问我“你多大啦?”之后，我居然半天说不出话来。幸好小聪机灵，马上接过话头儿，向总理指着我答道：“她16!”总理顺声转过脸去，对她问道，“那你呢?”小聪很神气地把脖子一仰，笑道“我17!”这一精彩的瞬间连同前面总理握着我的手笑着与我对话的情景，都被摄影师抓拍进了相机。没过两天，我们就看到了记录总理接见为其演出的中央广播文工团全体演员的全景照片，也看到了总理和我面对面，以及总理拉着我和小聪亲切对话的合影。它形象地记录了总理关怀广播事业的足迹。对我和小聪来说，这可是我们一生中最为珍贵的纪念照啊!

让我高兴的是，时隔不久，我又获得了一次和周总理亲密接触的机会。那是当年“三八”妇女节的前夜。听说辛劳了许久的总理要放松一下精神准备来广播大楼六楼参加一场交谊舞晚会后，领导根据上次的经验，又给我安排了在舞间休息时为总理朗诵两首趣味性较强的儿童诗的任务。可是谁知道，那天随总理一起来到舞会的还有副总理兼外交部长的陈毅和内蒙古自治区的领导人乌兰夫，他们和总理一样，对跳交谊舞饶有兴趣，和场上每个争先恐后抢着要与他们跳舞的姑娘们从晚上九点一直跳到十一点都还没有尽兴。在陈老总“为庆祝妇女节，咱们跳个通宵达旦”的建议下，他们几位竟然跳过了子时，舞间的休息居然也被取消了。我遗憾准备了半天的朗诵节目没能再次给总理他们演出，但是轻松下来的我却能把注意力转移到寻找机会与周总理跳上一曲舞上来。当看到周总理迈着优雅的步子在一首慢四拍舞曲中缓缓经过舞场一角对着我微笑着轻轻点了下头的时候，我立即起身迎上前去，从前面已经和总理跳了多半曲的那位大姐姐手里把总理抢到了自己的面前。我一改第一次见总理怯场时的表现，居然还主动向总理问道：“总理，您还记得我是吗？您视察广播大楼那天，我给您表演过朗诵节目！”总理没有直接回答我的问题，却边点头边逗我乐地从嘴里蹦出了“小—白—鹭”三个字。我张大了嘴，吃惊地大声道：“哇，总理的记性真好呀！”可惜的是，我们还没聊两句，就有别的一位姐姐从我手中把总理夺走了……那天，我兴奋得彻夜未眠，我因为自己年纪还小，长得又像个孩子，所以一直没敢到交谊舞会上和人跳过舞，今天为了和总理共舞，我不知哪儿来得那么大勇气，居然上了舞场。我为自己第一次跳交谊舞的舞伴竟是共和国的领导人、人人敬爱的周总理而感到无限的幸福啊！

我第三次和周总理亲密接触是在两年多后 1961 年夏秋之交的一个晚上。那时我们中央广播电视剧团为锻炼队伍，提高演出广播剧、电视剧和朗诵的艺术水平，在 1957 年成功演出的基础上又一次复排了曹禺先生的话剧《北京人》。头几场演出的地点是在长安街离东单不远的青年艺术剧院的剧场。因为我是

《北京人》这个剧的场记，所以每次演出时我都会认真地坐在观众席中负责检查演员和各个创作部门是否完好地体现了导演的要求，以及记录观众在现场对演出的反应。我万万没有想到的是，这次公演的第二天，戏演到第二幕的时候，周总理携夫人邓大姐突然悄无声息地来到了黑压压的观众席中，由剧场工作人员引领摸索着朝着我身旁的空座走了过来。我发现了周总理，惊喜地连忙起身迎过去搀扶他，他像是认出了我笑着对我点点头，并示意我不要惊动他人，便和邓大姐在我身边坐了下来。他压低声音悄声问我："你也来看戏啦？"我告诉他我是这个戏的场记，看戏是我的工作，他表示明白了地"嗷"了一声。随后就转头看向舞台，兴致勃勃地开始看我团演出的《北京人》，边看还边向邓大姐介绍着剧中这个封建家庭的一个个人物。比如行将就木还迟迟不肯让伺候自己多年的外甥女愫芳嫁人的老太爷曾浩，总理说"他最自私了"；比如因包办婚姻没有爱情的孙子辈的小夫妻曾霆和瑞贞，总理说"他们没感情，其实很可怜的"；对女主角愫芳，总理倾注的感情是最多的，他赞美她，说"她最善良了"，又哀其不幸怒其不争地说她"为了自己所爱的一个没出息的男人，宁肯牺牲自己的一辈子"……偶尔，他也会扭过头来和我交流几句。印象最深的是，当他听到愫芳对即将出走的瑞贞的许多叮嘱中有"在外面还是尽量帮助人吧，把好的送给人家，坏的留给自己，什么可怜的人我们都要帮助……"这句话时，立即对我认真地问道："这台词是剧本原来就有的，还是你们现在给加上去的？"我因为每天跟着排练，太熟悉剧本了，所以立即不假思索地回答："它不是我们后加的，是曹禺先生剧本原有的台词。"总理听罢立即放心地点了点头，说这就好。对总理提问的真意我觉得自己是能够理解的，因为当时正处于“大跃进”时期，“把方便留给别人，把困难留给自己！”的口号十分流行，总理是怕我们把当代人的语言强加在旧时代人的身上。时至今日，面对违背历史真实的作品泛滥的现实，一想起他对文艺创作要尊重历史的见解，我还是颇感不安的……据我所知，早在抗战时期的重庆，总理就看过由当时四大名旦之一的张瑞芳担任主演愫芳的《北京人》；1957 年我们中央广播剧团（即中央广播电视剧团前身）公演《北京人》在社会上引起轰动后他也专程赶来观看，戏一结束他还兴冲冲地到了后台接见了全体演职员，并就地让广泛赢得好评，扮演愫芳的演员李晓兰将她演出中最打动人心的一个片段再给他表演一次，这种情况在经常和文艺界交往的周总理身上恐怕也是难得一见的。这次他再度前来观看我团复演的《北京人》，足见他对曹禺先生的名著《北京人》是多么的钟情，也说明了他对我团演出的《北京人》是很赏识的。自然，也反映了他对文艺事业的热爱以及对我国文艺事业的关怀和重视。对于我个人来说，这是和总理密切接触最有意义的一次。因为文艺界不乏有为总理演出被接见以及和总理一起跳过舞的人士，而紧挨着总理看戏并有所交流受益匪浅的人毕竟是少有的，我为此感到万分的荣幸！

让我特别难受的是，我最后一次近距离接触周总理竟是在他的遗体前。那时我已经离开了由“四人帮”掌控的广电系统，几经周折调到了原文化部中央电影事业管理局。可是，这里依然是“四人帮”严加控制的地盘，掌权人是在“八个样板戏”中走红的由江青一手提携起来的于会泳、刘庆棠之流。他们紧跟以江青为代表的“四人帮”，反总理的“司马昭之心”也明显地反映在对周总理后事的处理上。他们不仅没有为周总理举办隆重的大型追悼仪式，而且把向周总理遗体告别的范围和人数也尽可能地加以限制。记得当时文化部系统参加告别仪式的人是从那时文化部的所在地沙滩的办公大楼前集合后，由两辆大轿车送往安放总理遗体的北京医院的。参加之人多是文艺界较有影响力的人物，像我这样普通的机关员工根本是轮不上的。可与周总理有过亲密接触，对总理有着别样深情的我怎能甘心放弃这个最后再看他老人家一眼并向他道个别的机会呢。眼看着大轿车前的人士正在依次登车并且很快就要出发了，心急如焚的我，忍不住突然从办公室冲下楼去，狂奔到组织这次活动的领导面前，对他诉说了我要去向总理遗体告别的强烈要求，见他迟疑不决，我就不管不顾地一头钻进了即将启动的大轿车，终于在北京医院一间比车库大不了多少且布置十分简单的灵堂里，向我无限敬爱的周总理默哀鞠躬，并随着人流前行。排在我前面的是曾经引荐我进入红色经典影片《青春之歌》剧组扮演林道静在监狱里的小难友的崔巍导演。我走到了周总理的身前。凝视着周总理因过度操劳国事和被癌症长期折磨而脸庞塌陷的遗容，我心痛万分，想到一辈子献身革命功高盖世的他临终却遭到如此的冷落，我更是心如刀绞，泪水止不住地哗哗直流，要不是身后还有悼念者拥来，我真想扑到周总理的身上长跪不起……我多想对周总理诉说自己的心声：“总理啊，无论有人怎样打压你，你在我们老百姓心里，永远是忠于国家、忠于人民的好总理，我们永远热爱你。你永远永远都会活在我们心中的……”

果不其然，人民怀念周总理的感情在这以后不久的日子里，就像火山喷发一样滚滚地流淌开来：人们自发地在自己的单位设置灵堂，来纪念周总理。我所在的电影局也不例外，我和我的同事们默默地手制了上百朵小白花，摆放在周总理的遗像旁。压抑不住对“四人帮”的不满，我居然还一反常态地大吼了一声：“谁要反对周总理，绝对不会有好下场！”从一个个默许的眼光中，我感觉到大家对此喊声的共鸣；周总理的灵柩送往八宝山那天，没人组织召唤，十里长街两侧密集着成千上万哭送的人们，更加证明了人们热爱周总理的感情是多么的由衷；清明时节天安门广场人山人海，对“四人帮”祸国殃民忧心忡忡的民众，把怀念周总理的感情推向了极致。我不顾原文化部按“四人帮”旨意发出的“近期不许去天安门广场”的命令，四月五日那天一早由前门赶到了天安门广场，虽然没有任何壮举，但我用行动给伸张正义的人们助了威，和大家一样表达了对周恩来总理深切的缅怀之情。

时光如梭、光阴荏苒，上述诸事远的已近60年，较近的也有40年出头了。在周总理120华诞来临之际，我的思绪又回到了过去，想起和总理面对面的四次接触我总会心潮激荡、深感欣慰；想起总理一生光辉灿烂的历程，我总会肃然起敬，无限敬仰。对着总理的在天之灵，我真想高声呼喊——敬爱的周总理，人民的好总理，岁月冲淡不了我们对您的爱，我们永远怀念您！

# 周总理鼓励我学好乌尔都语

魏渭康

外交部驻外工作人员

## 初进卡拉奇大学　进修乌尔都语

1964 年 9 月，外交部决定派遣一批中国留学生赴巴基斯坦卡拉奇大学学习乌尔都语，为日后开展中巴经贸合作和文化交流而作好语言人才的准备，多数同学进入初级班学习，因为他们是第一次学习乌尔都语。我和另一位同学到卡大文学院研究生班进修乌尔都语（因为此前我们曾在印度德里大学留学两年，学习过乌尔都语，已有一定基础）。校方对来自中国的第一批留学生非常重视，校长和文学院领导先后接见了我们，表示欢迎中国留学生到卡拉奇大学学习，希望我们在卡大学习顺利，生活愉快。尤其是文学院非常重视我们两个研究生的学习安排，专门委派多位教授和高级讲师轮流授课，有的讲授语音课，有的讲授阅读课，还有的老师专门讲授乌尔都文古典诗歌等。当时，我深深感到文学院里的文化学习氛围特别浓厚，我们的老师都是从印度各地一些名牌大学移民到卡拉奇的。我想，在这样的环境里学习进步一定会很快，会受益匪浅。

## 巴基斯坦国语——乌尔都语

1947 年 8 月 14 日，巴基斯坦获得独立，巴政府宣布乌尔都语为国语，英语为官方用语。巴基斯坦政府十分重视推广教育和使用国语乌尔都语，规定全国每所小学的学生从一年级开始必须学习乌尔都语，因此，巴基斯坦每个有文化的公民都能阅读和书写乌尔都语。在巴基斯坦全国各种报纸中，发行量最大的是乌尔都文报《战斗报》。

乌尔都语在南亚次大陆的历史悠久，在广大居民中口头传讲和书面书写流行很广。不仅在巴基斯坦，而且在南亚其他国家如印度、尼泊尔、孟加拉国等也相当流行，特别是印度穆斯林居民基本上都讲乌尔都语，其实印度教徒也能讲一些乌尔都语的口语，如印度前总理尼赫鲁就会讲一口流利地道的乌尔都语。现在，南亚次大陆印度和巴基斯坦大约有两亿多居民能讲乌尔都语。

经过一段时间的紧张学习后，我逐渐理解到，要学好乌尔都语，不仅要学好语言，还要学习文学和诗歌。南亚次大陆历史上曾经产生过许多深受广大人民喜爱的著名诗人，如米尔、迦利勃、伊克巴尔等。他们的许多诗篇被广为传颂，很多诗句脍炙人口。巴基斯坦立国思想的倡导者、巴基斯坦和印度两国人民爱戴和推崇的著名诗人伊克巴尔，曾在一篇诗歌中赞美中国：

“沉睡的中国人啊，已开始觉醒；喜马拉雅山的源泉啊，就要沸腾！”

现在，我已记不清在巴基斯坦学习期间和后来在中国大使馆工作时，曾经多少次听到朋友们津津乐道地朗诵这几句对中国人民表达深情厚谊的著名诗句了。

## 周总理访巴　接见留学生

1965 年 4 月初的一天，我国驻巴基斯坦大使馆的一位主管官员通知我们在卡拉奇大学的留学生，让我们回大使馆一趟，有重要活动。当我们抵达使馆后，才知道有国家领导人将访问巴基斯坦，让我们留学生到飞机场参加欢迎仪式，之后在机场与大使馆工作人员一起看护专机，听到这样的好消息，我们都非常高兴。

1965 年 4 月 2 日，周总理同魏渭康（右二）握手。

4月2日，我们和大使馆的同志们一起赴卡拉奇机场欢迎国家领导人。当我们大家到达机场后，使馆同志告诉我们，今天我们要欢迎周恩来总理访问巴基斯坦，让大家来机场欢迎周总理和代表团。我记得，当我们这些年轻的学生听到要欢迎国家领导人时，大家都感到高兴和激动。不一会儿，载着周总理的专机在远处的跑道上徐徐降落，慢慢地滑向停机坪，在欢迎的人群前稳稳停住。

当专机的机舱门打开后，周总理微笑着出现在舱门口，轻轻地挥挥手，向欢迎他的巴基斯坦主人和中国大使馆的同志们致意。周总理走下舷梯后，他首先同巴方官员握手问候，之后他与中国大使馆的同志们握手。当周总理走到我面前时，大使馆领导介绍说："这是在卡拉奇大学学习乌尔都语的留学生魏渭康同学。"周总理微笑地看着我说："哦！学习几年了？"我握着周总理的手回答说："学习已经三年时间了。"周总理听后又说："要好好学习，巴基斯坦是我们的友好邻邦，学好乌尔都语将来会大有用处啊！"

这是我第一次近距离见到敬爱的周总理，时间虽短，却给我留下了难忘的印象。周总理的亲切教导，成为鼓舞我学习的动力，我暗下决心，一定要学好巴基斯坦的国语乌尔都语，同时，也要深入了解巴基斯坦的历史和文化。

欢迎代表团结束后，我们学生和大使馆工作人员一起轮流值班，守护专机的安全。在结束守护专机的任务后，我们没有参加其他活动。由于大使馆忙于接待周总理和代表团的工作，我们就直接回到了卡拉奇大学。

周总理的接见和鼓励，使我们产生了很大的学习热情和动力，大家都鼓足干劲，分秒必争地努力学习乌尔都语。我们还广交大学里的巴基斯坦同学，交流学习方法和学习心得，练习乌尔都语口语，尽量了解一些课堂里学不到的东西，如各地的风土人情、民族习惯等，真是让我们受益匪浅啊！

经过一段时间的学习，我们在各科测验中的成绩都有较大提高，我们的授课老师也表扬大家，认为我们中国留学生学习努力，肯动脑筋，成绩提高得较快。

## 从卡拉奇大学毕业　进入驻巴使馆工作

1966 年 7 月，我参加了文学院乌尔都语的研究生毕业考试，先后通过了笔试和口试，获得了甲等第一名，并获得研究生文凭，结果公布在当年巴基斯坦英文版《黎明报》上。

从卡拉奇大学毕业后，根据外交部的通知，我被中国驻巴基斯坦大使馆录取，留在使馆研究室工作，担任乌尔都语翻译。我到大使馆报到的那一刻，使我想起两年前周总理接见我们时的情景和谆谆嘱咐："学好乌尔都语将来会大有用处啊！"当时，我就下决心一定要把学到的乌尔都语和有关巴基斯坦的文化知识运用到工作中去。

从 1966 年 7 月起，我在我国驻巴基斯坦大使馆的工作，先后三进三出，总共长达 15 年之久，先为普通工作人员，后担任大使翻译，后晋升为一等秘书，并担任研究室主任。由于我比较熟练地掌握乌尔都语言和熟悉巴基斯坦的文化历史，所以我在巴基斯坦工作期间，可以说是得心应手。通过工作联系，我认识了许多巴基斯坦的好朋友，完成了各项工作。

1988 年 8 月，我奉调回国，并被分配到外交部亚洲司工作。不久，我被任命为巴基斯坦—孟加拉国—阿富汗处处长，继续主管巴基斯坦事务。其间，我还多次陪同各种代表团到巴基斯坦访问。直到 1991 年 12 月，我被任命为我国驻新加坡大使馆政务参赞。此前，长达 20 余年的时间是我青春的最好时光，而我一直通过乌尔都语言与巴基斯坦联系沟通，为增进中巴两国人民友谊和福祉而努力工作。我深深感到中巴两国人民之间有着深情厚谊，是相互关联的“命运共同体”。而巴基斯坦人民那种热情、友好和正直给我留下了深刻的印象。

# 永远牢记周总理叮嘱我的话

王若芳
电视剧美术设计师，《中国广播电视学刊》高级美编

周恩来总理是我心目中非常仰慕的伟人。我总是在照片上和电视荧屏上见到他，觉得不够满足，多希望有一天能亲眼见到他！后来我还真是见到了他老人家。

1956 年一个初秋的夜晚，那年我正在中央戏剧学院上三年级，当时我 20 岁。按照系里的安排，我和三个男同学组成一个设计小组，帮助北京军区歌剧团设计《刘胡兰》的布景，经过一段时间的案头设计，《刘胡兰》终于搬上了天桥剧场的舞台。那天晚上是带景排练，我们一丝不苟地一直工作到深夜，也不记得是几点了，总之再晚就搭不上末班车了，所以赶紧收摊，急匆匆地上了汽车。

车上的灯光昏暗，人也不多，静悄悄的，他们都像昏昏欲睡的样子。唯有我们几个人刚刚排练完，兴奋劲儿和追汽车的紧张劲儿都还没有过去，有座位我们也没去坐。我站在车的前半部，想着明天该修改布景上的什么地方。正在此时，突然有人拍了一下我的肩膀，我回头看了一下，还没来得及问他干什

么，那人说："你看周总理在那儿坐着呢。"我回头一看，哎呀！真是总理，他坐在车的中部靠左边窗旁的座位上。我两三步就蹿到了总理面前，我说："总理您好！"总理笑容可掬地说："你好呀！你是学生吧？"我说："是，是，我是中央戏剧学院的学生，学舞台美术设计的。"总理说："噢，中央戏剧学院，欧阳予倩是你们的老院长，舞台美术好专业呀，是幕后英雄。"正在这时我招呼着我的同学们，他们一下子看见了总理在和我说话，也赶紧凑到总理身边，总理又问："你们都是同学吧？这么晚到哪里去了？"大家忙说："我们是给北京军区歌剧团设计《刘胡兰》的布景，今天排景，这是我们的实习剧目。"总理说："《刘胡兰》这剧目很好嘛，你们理论联系实际很好……"这时车上的人们好像才醒过来，都跑过来向总理问好，可惜车到了府右街，总理要下车了，停车时司机也赶过来向总理问好。总理说："司机同志，你辛苦了。"总理下车前还叮嘱我们："你们很年轻，是新中国的大学生，要好好学习，将来更好地为人民服务！"我们齐声说："总理您放心吧。"我们恋恋不舍地向总理挥手告别。我想拍我肩膀的那个人一定是总理的警卫员，下车后他护卫着总理消失在茫茫的夜色中。

回到学校，我把同宿舍的同学都叫醒了，告诉她们我见到了周总理，她们同样为我高兴，大家都兴奋地彻夜难眠。总理利用晚上的时间亲自到基层体察民情，多好的总理呀！1976 年总理去世，我们分散在全国各地的那几个同学都互相打电话，回顾20 年前那个美好的时刻，我们回忆着总理叮嘱的那句话：

“更好地为人民服务”。那是总理亲自对我们提出的要求，而且我永远也忘不了，他老人家佩戴着的“为人民服务”的胸章。他一生以此为鉴，同样也这样要求他的人民的。

毕业后，我被分配到广播事业管理局的中央广播电视剧团，搞电视剧的美术设计。20 世纪 60 年代初，剧团的一群年轻单身者整天泡在团里，对待年轻的电视事业就像对待年轻的我们自己一样，不放松任何一个学习机会，拼命武装自己，我们的团长用带兵的方法培养我们，对我们即严格又关心，团里有了任务首先交给共青团员去干。

那时候周六的晚上，有时周总理工作累了就和陈老总一起到广播事业局来跳一会儿舞，局里把伴舞的任务交给了文工团。舞厅就设在大楼六楼的阅览室，把大桌子抬走，墙上和吊灯上临时挂起一些彩带，就成了简单的有一定氛围的舞厅。一天晚上八点钟左右梅益局长陪着周总理和陈老总步入舞厅，我们起立鼓掌欢迎首长的到来；休息片刻，音乐就开始了，总理和陈老总依次邀请我们跳舞。总理喜欢跳慢四步，缓缓地转大圈。我想总理是借此机会休息休息，和我们跳舞时总理总是谈笑风生，问你多大了？做什么工作呀？是哪里人呀？总理的亲切劲儿使我们一点儿都不紧张。大约九点钟左右，总理就不跳了，非常有节制地终止了，因为他老人家还要继续工作去。我们列队把两位首长目送走。我记不清一共有几次了，反正总理需要休息、散散心，我们就去陪伴他跳舞。我们的乐趣不是跳舞，而是总能见到总理，那可真是我们的福分。总理心里装着世界大事，然而和我们拉起家常来却那么轻松、那么平民化。我们跳完舞回去睡大觉了，而总理呢，还要为国为民彻夜地操劳。他老人家真正做到了鞠躬尽瘁、死而后已，真是人民的好总理。

我有幸多次见到总理的面，而且亲耳聆听了总理的教诲，虽然那是几十年前的事了，但我永生难忘。立志以“全心全意为人民服务”为座右铭，回报总理对我的教导。

# 永别难忘

宋亚芬
著名歌唱演员

我是普通一兵，1950 年入伍。作为一名海政文工团的文艺兵，在北京接触到中央领导人的机会多。那时每逢见面，领导人们都亲昵地称我们为“小鬼”。

可以说，我们这些在京的文艺兵，是领导人们看着长大的。我们心中牢牢记着的是：保卫党中央，保卫毛主席。我成长中的一切一切，都离不开党与领导人们给予的无限关爱。

## 周总理那么平易近人

抗美援朝后期，周恩来总理决定让中国人民解放军海军政治部文工团赴朝慰问演出。

最令人难忘的是那一年的元旦。我们在朝鲜演出以后，朝方举办庆祝新年国宴，我们见到了敬爱的周总理，心情何等愉悦，当时很难形容，就如同见到了自己的父亲一样。其间，总理提议我们大家一起合影，将历史的这一页永久留存下来。

因为我那时较胖，总理对我说：你像金日成的女儿……大家大笑不止。总理就是这么平易近人。

## 周总理的关怀、关心和关注

回国后，我有一次去中南海演出，独唱了《绣金匾》。第一段歌唱毛主席，第二段歌唱朱总司令，第三段歌唱周总理……

一曲唱罢，总理和我拉家常："你何时入伍的？父亲做何工作？"我都如实回答："我父亲在清华大学图书馆……"又聊到我的舞蹈，说舞蹈跳得很轻盈很好，民歌也唱得很专业，并问起在哪里学习提高的。我回答说，组织曾安排在中央实验歌剧院（现中央歌剧院）学习过。

总理的关怀无微不至。我调到广电艺术团后，一次总理周末来广电大厦，我因为关节炎病痛未到会，总理问我同事："宋亚芬为何没来？"同事回答后，总理说："你们告诉她去做推拿，每次至少半小时，时间短不起作用。"后来同事将这番话转告我，我心中感到无限温暖。

总理总是这样心怀子民。我调到（天津）河北广电艺术团，两年后缩编，该团撤销。又见总理时我提起此事，总理问："安排你到东方歌舞团怎样？"我当时没相信自己的耳朵，等缓过神来，高兴地说那当然好。感恩的心在跳，恩比天高，恩如海深，我永生铭记。

我知道自己就是一个小兵，经过组织多年培养，歌舞方面有了些小小的进步，而这些，总理也能记得，并给予了我最大的关注。

## 总理和人民心连心

好久没有见到总理了。一次几千人的跳舞场合，大家都想得到与总理共舞的机会，总理身边排起了长长的队伍，渴望跳舞的人太多了，有的和总理沟通几句，有的和总理在背景音乐下共舞只有一小节。人群有条不紊的，不停流转着……

轮到我和总理交流的时段，总理询问我的近况，询问着我最近又学会什么革命歌曲了……一个在部队长大的“红小鬼”，能得到总理的细节询问，内心感觉无上荣光。

总理他老人家用他慈父般宽广的胸怀，包容着千百万人民和他所能见到的孩子们，他能记得自己孩子们的成长细节，这种心连心的温暖，时刻唤起和激励着我们对祖国深深的爱。

我们的总理，最亲近人民。他在夜间，可以只带一名警卫员，就在公交车上体验民情。我们的总理，可以不需要警卫员，就和演员们一起走在聚会之后的大街上。他知道，他的一举一动都是为了国家，为了人民，所以会获得人民的真挚爱戴。人民可以用生命来护卫他，我们就是他无形的盾牌。他心底无私天地宽，他和人民心连心。

## 祭奠总理

20 世纪 70 年代初期，总理病重。我得知后带着年幼的孩子走到北海的西墙，这里是距离总理住院的地方最近的地方了。坐在西墙边的小亭子里，眺望西墙上方，对着总理所住的方向，我自言自语着，敬爱的总理啊，多么希望您早日康复啊！边说，眼泪边流了下来。

孩子眼睛眨巴眨巴地望着我，从他出生以来，我们度过了很多艰难的日子，但是他第一次看我落泪。

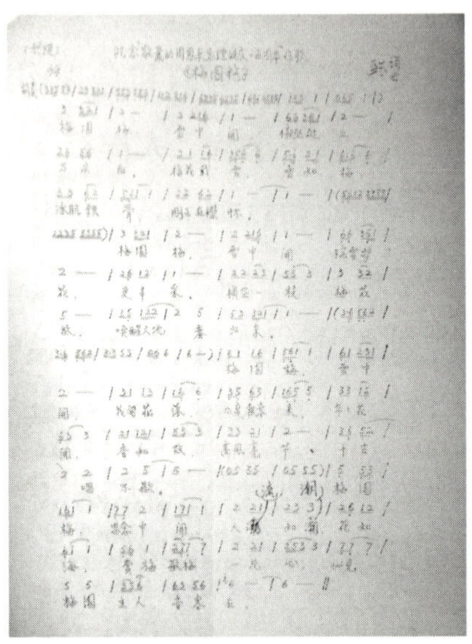

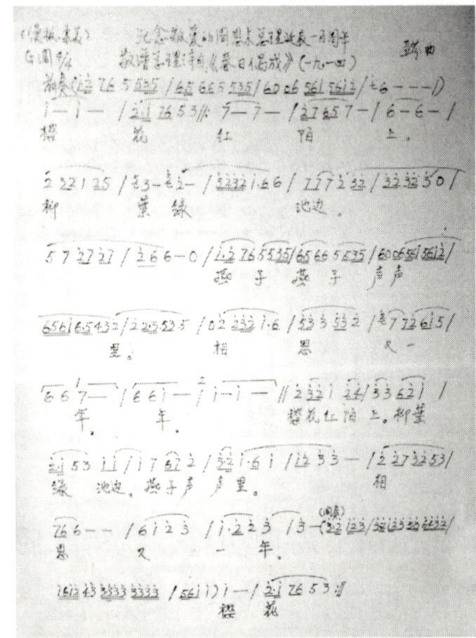

作者创作的《永别难忘》《梅园梅》《春是偶成》等三首歌曲的手稿

总理去世第二年的1月8日，我早上拿着自制的小白花，走去天安门广场。到了纪念碑前，将花放下，默哀，离开……没走几步，两名军人走近我身边和我说，您是来做什么的。我说今天是敬爱的周总理的祭日，我来纪念他老人家。以前常常见到总理，而且总理对我恩重如山。现在他老人家走了，我无处寄托哀思，所以来广场祭奠。军人说，这里不是个人可以来祭奠的地方，如果大家都私自来这里纪念，广场的秩序就无法维持了，请以后不要再来了。

回去的路上我在想，总理没有安排墓地，没有留下片瓦，骨灰已经撒向江河湖海……我明白了，对总理的思念，可以是各种场所，各种形式的。人们对他老人家的纪念，不一定非要都到广场来。从总理去世的第三年开始，每逢祭日，我都在家摆好总理的照片，奉上总理爱吃的花生蘸和馅饼，献上鲜花。

天津建成“周恩来邓颖超纪念馆”，我先生为纪念馆作《周总理在梅园》大型国画作品一幅，并写书法一幅。因为时间紧，他没日没夜废寝忘食地画，构思、构图、布局，始终在一种既紧张又兴奋的状态中。虽是画了几十年的画，但画此画不同往日。笔重千斤，却又如生风般顺畅，一气呵成。当纪念馆落成时，我们被邀前去参加活动，并接受颁发的作品收藏证书。

周总理诞辰100周年活动时，我在中央文史研究馆演唱了我给总理诗词谱曲的《春日偶成》，同时演唱了自己作词作曲的《梅园梅》。

2016年1月8日前，我从《天安门诗抄》中精选一首纪念总理的诗词《永别难忘》精心谱曲，献给总理，以寄托哀思。

# 我聆听周总理关于外语教学改革的五次谈话

刘武生

中央文献研究室原周恩来研究组组长、《党的文献》原主编

中共九届二中全会后，全党开展“批陈（伯达）整风”运动，周总理的工作特别繁忙。尽管如此，1970 年 11 月 6 日、7 日、8 日、9 日和 20 日，周总理还是连续主持召开了五次外语教学改革座谈会，研究改进外语教学、加速培养外语人才的问题。这无疑是异乎寻常的事情。

座谈会在国务院会议室举行。参加会议的有北京大学、清华大学、北京外语学院等院校的外语教师和学生代表，以及这些院校的工、军宣传队和教改组负责人；外事部门主管外语培训工作的负责人和翻译；国务院科教组负责人。座谈会期间，与会同志先后汇报了当时外语教学的情况和问题，并被分派到一些外语院校听课，进一步了解教学情况。

我当时是从北京大学借调到国务院科教组的工作人员（1973 年才正式调入科教组），有幸参加过三次座谈会，被派往北京市外语学校听过两节英语课，还整理过一份《关于目前外语教学情况》的简报。

在前四次座谈会上，周总理主要听取情况汇报，并不时提问、插话，了解与会同志对外语教学改革的意见和建议。在第五次座谈会上，周总理全面、系统地论述了外语教学改革的问题，特别提出了外语教学要练好三个基本功的著名主张。

周总理在座谈会上的插话和讲话内容很丰富，也很具体。现在回忆起来，有三个方面给我留下了难忘的印象：一是纠正当时外语教学中的极左错误；二是强调外语教学要练好三个基本功；三是特别重视和狠抓外语教学改革。

## （一）

“文化大革命”期间泛滥的极左思潮对外语教学的冲击很大。当时，各级各类学校都“停课闹革命”，外语院校也都停止了教学。1969 年中共九大后，中央所属和重点大学外语院系有 40 多个语种的毕业生和在校生共计 6000 多人。为避免散掉，遵照周总理指示，把他们集中安排到部队农场，边劳动，边接受再教育。在农场期间，学生们练习外语的时间减少了。1970 年学校开始“复课闹革命”，招收了一批群众推荐、领导批准的工农兵学员，文化程度普遍偏低，外语教学困难重重。在极左思潮的影响下，外语教学内容只讲政治词汇，不讲生活词汇，更不讲文学词汇。针对当时外语教学中上述种种极左弊端，周总理在座谈中多次提出纠正意见。

在 11 月 6 日凌晨的座谈会上，当一位教师谈到政治词汇与生活词汇的关系时，周总理风趣地比喻说：政治与生活怎么能分开呢？比如说，我们开会，你们吃了夜餐，我没有吃，我吃花生米。我吃了饭跟你们开会嘛！这怎么能分开呢？

会上，还有一位教师说：北大的外语教材是按阶级、政党、群众、领袖的体系编的。周总理插话说：

> 讲阶级也可以说，我是一个工人，你是一个学生、公社社员、农民。这样，生活词汇不就出来了吗？在阶级社会里，任何生活都有政治性。对话就是生活。不能光教工人阶级、资产阶级，不能说“阶级”一课就只讲口号、语录，那是不够的，不能第一课就只教口号、语录，别的不能教。比如“艰苦朴素”这个词，你讲给外国人听，就要解释。

在11月7日凌晨的座谈会上，北京大学东语系一位教师提出，过去他们教的外语是古老的婆罗门语言、梵文化，不能为工农兵服务。

周总理解答说：

> 亚洲许多国家的语言与梵语根底有关，如印地语、乌尔都语中的婆罗门语言。好像受中国古文的影响，有些过去的生活词汇不适用了。但我问你：生活语言要不要？（答：当然要。）生活语言与革命化是什么关系？生活语言与革命化有什么区别？生活语言就不能革命化啦？（答：语言是没有阶级性的。）语言不是全部没有阶级性的，部分是有阶级性的。例如，一些贵族语言、尊称，朝鲜语、柬埔寨语、日本语里都有。生活语言是可以革命化的。生活语言不能排除在革命化之外吧！

在11月8日凌晨的座谈会上，当谈到北京大学的外语教材时，周总理插话说：

> 生活用语平常常说的，要说熟了才行，靠查生词表怎么行？当然，不要像小孩一样学“狗”啊“猫”的。但是，有许多生活用语的话可以加进去，逐步改进。

在11月20日晚的座谈会上，周总理翻阅北京外语学院在湖北沙洋举办的外语师资短训班的教材，发现“问好”这个词也没有用。接着，他说：你们的“问好”这个词放到旁边不用，那怎么行！你们北大的外语教材也有这个问题。随后，周总理翻阅北大编的英语教材，看到其中一句问话：“你出身工人家庭吗?”他当即指出：你们的问题局限得很，除此之外就没有别的出身？周总理还说他们的课本（指湖北省编的中学英语课本——引者注）如果实在不适用，只有政治词汇而没有生活词汇，政治、生活语言就可以并在一起，实际上也不能分开。

## （二）

在五次座谈会上，特别是最后一次会上作总结性的讲话时，周总理集中讲述了外语教学要练好政治、语言和文化知识三大基本功的问题。

在11月20日晚的座谈会上，周总理提出，外语教学有个基本功问题。他说：

> 比如，京戏有基本功，唱腔、道白、武打等，这都是京戏艺术的基本功。而且，京戏的基本功不限于京戏艺术本身，还有政治、历史、地理等知识。学外

语也是如此，不光是要掌握外语的语音、词汇、语法，做好听、说、读、写、译五个字，还要懂得历史、地理。不仅要读中国地理、历史，还要读世界地理、历史。自然科学也要懂一些。马克思、恩格斯懂得很多自然科学知识。毛主席也知道得很多。你不懂这些知识，做翻译时就译不出来。搞翻译不是那么简单的，不是懂几句外国话就行的。不但要有政治水平，同时还要有较高的文化水平。没有基本功和丰富的知识不行。基本功包括三个方面：政治思想、语言本身和各种文化知识。

第一，谈到政治基本功的问题时，周总理认为，政治是基本功的基本功。在11月20日晚的座谈会上，他说：

外交部要把基本功搞好。还有政治啰，政治是挂帅的，这是基本功的基本功。做外语工作，熟悉国际形势，是个背景，才有共同语言。国内训练一批外语工作人员，不读些文史怎么能行呢？要考虑到使馆、专家、海关、旅游及自己使用的两千多储备力量。外交部、外贸部、外文出版局、科学院、国防各种机关，都有懂外文的。当然，《参考资料》偏重于政治，经济也有一点儿，技术要靠杂志。

讲到这时里，为进一步说明政治基本功的重要性，周总理举了1946年国共谈判的例子。周恩来是共产党的首席谈判代表，他的翻译是一位年轻的共产党员，对政治背景情况比较熟悉。张群是国民党的首席谈判代表，他的翻译是一位教授，英语水平高，但对政治背景情况不甚了解。在谈判时，马歇尔对周总理的翻译人员比较满意，而对张群的翻译人员不是很满意。在座谈会上，周总理说："这说明当翻译一定要懂得政治，要练好政治基本功。"

第二，谈到语言基本功的问题时，周总理反复强调，学外语一定要苦练语言基本功。在11月8日凌晨的座谈会上，针对北大、清华招收的第一批工农兵学员学习外语的情况和问题他说：

> 要勤学苦练，苦练基本功。外文是工具，要能听、说、读、写、译，这就是全才了。要勤学苦练语言基本功，特别是二十岁上下到三十岁的人，二十几岁不同于娃娃，娃娃是凭记忆，成人还要凭理解。
>
> "天天练"时间不那么够，不一定限于一个钟头。你们学外语的，将来还要做外语工作，外语教师也好，外事工作也好，普通劳动者也好，总是要练。允许人家抽空练嘛！苦练，应当成为原则。毛主席就强调这一点。写字也要苦练，才能写得好。要把语言用得纯熟，还是要苦练、苦学。苦练要有实践，要看一些新的外文资料，光看课本不够。学习就是要苦练。

在这次座谈会上，周总理还指出：外语本身的基本功，语言、语法、语汇这三种要搞好。当然，还有五个词啰！能听、能说、能读、能写、能译都是基本功。光语言本身这个基本功不够。"读"，就是广，要读各种资料，要知道外语的环境。现在，不仅英语通世界，俄语也到处用，还有法语、德语、西班牙语在拉丁美洲，是国际法定的语言之一。阿拉伯语虽不是法定的国际语言，但现在国际纠纷多的地区是阿拉伯语的地区，从东非、西非、北非到中亚、西亚，都是阿拉伯语的地区。虽然难学，但也非学不可。

周总理还强调：口译是最难的一关。他说：

> 作口译是不太容易的，知识要广，资料要多，来得要快。翻译不容易，所以毛主席每次接见外宾后照相，都叫翻译参加。这是很公道的。没有翻译，谈重要的事，双方一起相对无言，动都不能动。翻译是桥梁。现在传播毛泽东思想，支援世界革命。这样的重任，没有这个工具，就不能沟通。不要轻视这一行，当然也不要骄傲，非下苦功不可，要练基本功。

为说明外语口译难度很大，必须三大基本功都要过硬，周总理特别讲述了毛主席同外宾谈话的一个事例。他说：主席谈话的内容包括各个方面，没有知识和基本功就不行，就会翻译不好。主席那次说，挪威航海次数比英国还多，把英国比下去了。而翻译却译成“挪威把英国打败了”。他没听懂，把主席谈话的意思搞错了。所以，翻译是不容易的。

周总理还举了一个事例。他说：“倚老卖老”这个词，我在巴基斯坦招待会上说过。当时，我觉得翻译得不够理想。讲到这里，周总理当场请一位外交部的老翻译再译一遍。译完后，周总理说，比原来译得好些，还可以研究译得更准确些。

讲完这些事例后，周总理说：“类似这样的事很多，不容易译准，笔译还能查书，口译则不行。”所以，外交谈判，本人固然很重要，但翻译也很重要。好的翻译可以帮助说话人在逻辑和用词上纠正过来。我今天在这里谈的是口译，政治水平、文化水平都要跟上。口译是最难的一关。

第三，谈到知识基本功的问题，周总理提出，搞外语要懂得历史、地理等文化科学知识，要练好知识基本功。在 11 月 8 日凌晨的座谈会上，周总理问一位北大外语班的学生学不学世界地理、世界历史？并且说：做外语工作，要熟悉外国地理。学外语，要联系中国地理和外国地理，也要学点历史。同外交部商量，搞个地图，要地图出版社印一些，看地图可以增长知识。现代知识不知道，不能丰富思想，外语就受限制。

为了强调练好知识基本功的重要性，在 11 月 20 日晚的座谈会上，周总理考问在座的与会人员一个地理知识问题。他问道：拉丁美洲在领海权问题上同美国斗争的是哪 14 个国家？14 个国家能全说出来的，请举手。都不举手，谦虚呀！接着，周总理站起来说：智利、秘鲁、萨尔瓦多、厄瓜多尔、尼加拉瓜、阿根廷、巴拿马、乌拉圭、巴西、墨西哥、危地马拉、洪都拉斯、哥斯达黎加、哥伦比亚，他一口气数出了这 14 个国家。随后，他说：今天报纸上不是登了吗？（指 1970 年 11 月 20 日的《人民日报》社论《支持拉丁美洲国家保卫领海权的斗争》——引者注）报纸也不看，地图也不记。这都是基本功啊！这时，周总理对外交部的一位大翻译说：你的基本功就不够。你还是外交部第一流的翻译呢！所以，外交部不能骄傲。你们要读地理、历史。

## （三）

周总理连续五次主持召开外语教学改革座谈会，当时就给与会同志一个突出的感觉是党中央、国务院特别重视外语教学，要求加速培养外语人才。这是从座谈会上周总理的插话和讲话中可以领悟到的。

在 11 月 9 日凌晨的座谈会上，周总理插话强调，现在口头的和文字的外语宣传，比起我们在国际上的地位和影响相差很远。他说：外语人才哪些部门需要？你们外交部研究了没有？援外需要最多，这是第一线。另外，还有码头。人家向往中国，可是一到中国码头，也没有人做翻译工作，还有外语教师需要多一些。这只是讲口译人才，笔译方面还没有好好过问，问题也很多。他还说：现在客观形势的发展和我们主观潜力不符合。已毕业的外语院校的学生，现在在部队农场劳动，学习情况究竟怎么样？搞得好是一批力量，搞不好对不起，5000 多人就要分配掉了。

在 11 月 20 日晚的座谈会上，周总理强调培养、造就外语人才的紧迫性。他在解答造就什么样的外语人才时说：第一是师资，有了好的师资，中学生把外语学好了，进大学或以后自学就有了基础。第二是培养懂外文的干部、技术人员，要使他们能够读懂外文资料。第三是外事工作人员。这三个方面的外语人才需要得都很急迫，需要量最大的是师资，最急需的是外事工作人员。因此，要认真搞好外语教学。

对周总理以如此急切的心情狠抓外语教学改革，要求加快培养外语人才，说实在的，笔者对当时的背景情况不甚了解。后来，看到国内国际形势的发展，才恍然大悟，这是周总理富有远见卓识的重大举措。

在中共九大后，毛泽东、周恩来根据国际形势的新变化，特别是美国政府开始频频发出调整对华政策的信号，审时度势，高瞻远瞩，采取了一些应对的措施。如毛泽东委托陈毅、叶剑英、徐向前、聂荣臻四位老帅研究国际形势问题，特别着重研究中美关系问题。同时，针对当时外语教学基本上陷于停顿的状况，毛泽东提出要尽快恢复外语教学，抓紧培养翻译人员。正是在这种背景下，周总理在百忙中挤出时间，主持召开了外语教学改革座谈会。

为适应外事工作的需要，进一步加速培养外语人才，1971年6月，周总理批准北京外国语学院招收800名学生。1972年7月24日，毛泽东邀请周恩来、姬鹏飞、乔冠华、王殊谈话时提出："我们下一代要多找些人学外国语，把外国的好东西学过来，坏的东西不要，好的东西批判地吸收。"

周总理的原外事秘书马列，对周总理在"文化大革命"期间关心外语教学、培养和维护外语人才的事迹，有过生动的回忆。他在《当翻译卡壳的时候》一文中写道：

> "文化大革命"中，我受总理委托，负责几所外语院校大学毕业生的管理工作。当时在校生有六千多人。总理当时看得很远，想得很深。考虑到当时对外事务的发展，指示绝对不能让这批外语人才毕业散掉，要将他们集中管起来，等待分配。大学毕业生当时都要接受工农兵的再教育。我就同总参联系，由部队农场接收下来，边劳动，边接受再教育。总理还一再关照，

不要荒废这批学生的外语学习，要求安排“天天读”的时间，最后建立了半日劳动半日学习的制度。这批外语人才的保存，完全归功于总理的高瞻远瞩。否则，我们70年代的外交发展，就会遇到不少外语人才方面的困难。

岁月悠悠，往事如烟。但是，回忆上世纪70年代有幸聆听周恩来总理关于外语教学改革的谈话，他那音容笑貌、言谈举止、睿智高论和执着的精神，至今仍然历历在目，记忆犹新。

# 周恩来总理与基地

粟在山

国防科委原副政委

1965 年 6 月 1 日，周恩来总理和陈毅副总理出国访问途经第二十训练基地，这是中华人民共和国的总理第一次到基地。总理说：毛主席工作很忙，来不了这里，我们来看看大家。毛主席十分关心这里的建设、试验任务和生活状况。你们的事业是很光荣的！

在基地第二试验部接待室里，周总理详细询问了基地在座的每个人的姓名、职务和简历。当问到基地后勤部部长张志勇时，张部长说：我最早是红西路军的。总理说：红西路军的同志们吃苦了，这样一支主力红军受到损失是很痛心的。他对大家说：你们战斗在戈壁滩，掌握着我军的尖端武器，一定要搞好。这里是当年红西路军战斗过的地方，有了尖端武器，我军就无敌于天下，红西路军烈士的鲜血就不会白流。总理还问：你们都是什么文化程度？张贻祥副司令员回答说：我没上过几天学，文化不高。总理说：我们共产党人就是要在实践中增长才干，过去我们是小米加步枪，后来有了飞机、大炮。过去你们谁见过导弹？现在你们亲自发射导弹，还不是在实践中学来的吗？今后我们还要发射人造卫星，凡是外国有的，我们都要有。当总理了解到部队刚进基地时生活条件非常艰苦，又遇上三年自然灾害，基地就组织部队同志自己动手搞建设，在戈壁滩开展大生产运动，总理很高兴，称赞做得好。

1965 年 6 月 1 日，周恩来总理、陈毅副总理出访归国途经基地，在机场与基地部门以上领导合影（左起：政治部副主任阎五福、后勤部政委曾凡有、副司令员张贻祥、副总理陈毅、政委栗在山、总理周恩来、代司令员李福泽、参谋长徐明、后勤部部长张志勇、副参谋长乔平、副参谋长江萍）。

吃过午饭，总理要走了。基地的干部、战士、职工家属聚集在通往机场的道路两旁，欢送总理。这天正好是“六一”国际儿童节，幼儿园的小朋友就站在队伍前面。周总理走到他们中间，抱起一个小朋友亲了亲，问孩子们会不会唱《大海航行靠舵手》，孩子们齐声说会唱，总理亲自指挥，与孩子们一起唱起来。

6 月 9 日，周总理结束国外访问，于 23 时 12 分再次飞抵基地。

1965 年 6 月 1 日，周总理在基地询问基地建设和同志们的生活状况。

6 月下旬，周总理又一次出国访问，在基地作短暂停留。7 月初回国时，又在基地停留了 24 分钟。总理每次路过基地，时间虽很短，但他一秒钟也舍不得休息，总是十分认真听取基地领导的汇报，了解中心科研、试验和场区建设的情况，询问干部战士、职工家属的生活。有时还让我们拿出场区分布图，认真查看。即便在用餐过程中，总理也是边吃边问。部队官兵都被他那种废寝忘食、不辞劳苦、周到细致、勤勤恳恳的工作精神所感动，这些都激励着官兵干好本职工作。

1966 年 6 月 30 日，周总理访问罗马尼亚、阿尔巴尼亚后，由拉瓦尔品第回国，于14时40分到达基地。总理不顾出访和长途的疲劳，在基地第一招待所接待室听取汇报，还与在基地检查工作的杨成武代总参谋长谈了话。总理还亲临地空导弹发射阵地，观看地空导弹的实弹发射。当火箭喷着浓烈的火焰腾飞时，总理从座位上站起来，用手遮挡着光线，全神贯注地注视着火箭在天空中飞翔。当火箭准确命中目标时，总理热烈鼓掌，向参试人员表示祝贺。他那朗朗的笑声和充满自信的表情，深深地感染着在场的每一个人。

晚餐时，总理端着酒杯和一盘切好的苹果走进厨房，去看望炊事人员。正在忙着做饭的炊事人员一看总理来了，一时激动得不知怎么才好。总理热情地招呼大家，给每个人斟满了酒，然后一一碰杯。大家听着总理亲切的声音，望着总理那慈祥的面容，一个个激动得眼泪夺眶而出。在晚会上，他亲自指挥大家一起高唱《东方红》《三大纪律八项注意》。外出散步时，总理走到干部战士中间谈笑风生，问长问短。大家感到无拘无束，格外亲切。

第二天上午，周总理由杨代总长和中心李福泽代司令员陪同，乘直升机视察了场区以北，还察看了兰州军区防务工事。回到招待所，总理对大家说：这个地方很有前途，要开发这一地区，进行屯垦、放牧，建设大量的农场、牧场，有非常重要的战略意义。你们把甘肃省的领导找来，在一起好好研究研究。当时，总后勤部部长邱会作也在基地，总理对邱会作说：你们总后也投点资，搞大建设。要搞个20年规划，与内蒙古、甘肃省和兰州军区共同搞，开发这个地区是大有作为的。总理还指示：大庆是学解放军的，解放军也要学大庆，人家是红旗，你们也要成为红旗，而且是特等的红旗。

周总理心里时刻装着群众，关心着战斗在戈壁滩上的广大科技人员和干部战士。在临上飞机前，周总理还在杨代总长、基地李代司令员和政治委员栗在山的陪同下，乘敞篷汽车接见了基地的干部战士、职工家属、学生儿童，以及在场区执行施工任务的部队。总理还拉着我的手说：上车来，同我们一起检阅部队，看望同志们。而且还非让栗在山同志站在总理和杨代总长中间。总理说：你是主人，应该站在中间，我在边上便于看望群众。就这样，总理一直站在最外边向群众亲切招手示意，所到之处无不一片欢腾之声。

敬爱的周总理深切地关怀着我国的国防尖端科技事业的发展，一些重要试验，他都要亲自听取汇报，仔细询问各方面的情况，亲自批准发射试验的计划。有重大试验任务时，他日夜守候在电话机旁，运筹指挥。他提出的“严肃认真、周到细致、稳妥可靠、万无一失”的十六字科研试验方针，一直挂在技术阵地的墙壁上，挂在高高的发射塔上和各种测量仪器上，铭刻在参试人员心中，时时刻刻鼓舞着全体参试人员以顽强的革命精神和严格的科学态度去胜利完成各项试验任务。直到现在，仍然是新一代国防科技工作者为我国国防科技事业的迅速发展而不懈奋斗的座右铭。

# 一个小学生眼中的周总理

高　中
中国投资协会高新技术投资专业委员会副会长、
原北京实验二小少先队员

1959 年 9 月，首都机场候机楼，周恩来、陈毅、耿飚和北京市外事处长辛毅在外宾飞机落地前在候机楼进行简短巡视，作为献花儿童，我和小朋友在沙发区等候。看到总理，我礼貌地行了个标准的队礼：周伯伯好！

总理与我们几个小朋友依次握手，问，哪个学校的？你叫什么名字？我回答说实验二小的，我叫高中。周总理的眼睛闪出一道亮光，他问我，哪个中字？我回答说，中国的中字！总理听闻后哈哈大笑，对陈毅和耿飚说，这个名字有意思，这个小朋友叫高中，中国的中！陈毅用浓重的四川口音说，高中高中，要不要上大学啊？耿飚在旁边说，高中，早晚是要上大学的。

后来我亲眼目睹了总理的风采，终生难忘。一次外国元首来访，小女孩捧着五斤重的鲜花小鸟一般地飞向外宾。记者抓拍镜头时伸出一条腿，恰巧绊倒了女孩，女孩的鲜花紧紧攥在手中，人却摔倒在地，我亲眼看到总理甩开外宾，疾步走向前抱起眼含泪水的女孩走回到外宾面前，轻轻地嗔怪记者：当心哦！外国元首极为感动，深情地亲吻献花的小女孩。

一次赶上外宾飞机晚点，总理在机场吃工作餐，正值三年困难时期，总理吩咐部下让我们几个孩子一起就餐，只有包子、稀饭、咸菜，总理不断给我们夹包子，他心真细。

周恩来总理对于人的记忆是超凡的过目不忘！自那以后，每次见到周伯伯他都一边握手一边说，高中，我们见过！还有一次他打趣地说：高中，我们是老朋友了！

我有一张在人民大会堂主席台上的照片，我站在周总理和李富春副总理之间。那次有少年鼓号队入场，小学生致词。周总理问了几个问题，小女孩不知如何回答，我和总理已经挺熟悉了，聊了好几分钟。从发言小女孩聊到学校作业多不多，还聊到少年宫业余活动，总理无所不知。

历史的篇章又翻到“文化大革命”复课。1967 年，北京四中接到电话让派几个学生去人民大会堂小礼堂，中央首长要接见。我们等到凌晨两点，周总理才到。我站在最后面的走廊，学生

周总理与少先队员们（左二是本书作者）。

们都期待周总理讲话，他却提议先听听同学们的意见，一时全场静默，我的手却不知为什么举了起来，我其实只是想再看看总理。周总理马上指着我说，好，这位同学请你到台上来。我没有任何准备，只好一边往台上走一边想，我想我是毫无疑问地支持复课闹革命的！

周总理紧挨着我，照例问到我的学校和姓名。我清晰地看到总理在人民大会堂信笺纸上用人民大会堂牌子的铅笔写下高中（四中），我敏锐地觉察到周总理此刻会心地微笑了。我说我们中学生挺成熟的，不要大学生来中学当保姆。

讲完之后，我看到总理带头鼓掌了！

# 周总理家的“小客人”——东风剧团的回忆

王振国

邯郸市群艺缘创作调研部主任、研究员

王鑫鲲（执笔）

邯郸市教育局思政体艺处干事

在中国戏曲的历史上，东风剧团创造的辉煌非常罕见，其深远的影响，正如老舍之子舒乙先生2008年2月23日在北京召开的《周总理和娃娃剧团》出版座谈会上满怀激情的赞赏：“东风剧团是一个非常了不起的剧团，在全国创出了三个第一：东风剧团轰动全国时居然都是一帮娃娃演员，而且艺术惊人，又拍电影，又灌唱片，全国第一；东风剧团频频进中南海，受到党和国家领导人接见次数最多，演出人数、次数最多，毛主席、周总理等老一辈革命家都喜欢他们，全国第一；东风剧团与众多文化艺术大师亲密接触最多，受到他们的教诲、亲授最多，为他们题词、题字最多，全国第一。东风剧团是一个光彩夺目的文化名片，是邯郸文化的宝贵财富。”早在1978年3月，《光明日报》曾发表文章《周总理和娃娃剧团》，称我们是“总理家的小客人”“周总理关怀的娃娃剧团”。2016年3月，《中国文化报》又发表文章，盛赞我们是“新中国领导人的座上客”

“在周总理的关怀下成长起来的小演员”，郭沫若还亲笔题名。现在，我们这些“总理家的小客人”“新中国领导人的座上客”“在周总理关怀下成长起来的小演员”，都已是古稀之年了，都已经走过了大半个世纪的人生。但是，每当我们满怀深情地回忆起敬爱的周总理，对我们这些孩子们无微不至的亲切关怀和谆谆教诲；每当我们回忆起周总理对我们那比天高、比海深的恩情，我们一个个仍然是眼含热泪，心情无比地激动，一生都感到非常幸福和无限荣光。

## 我们见到了周总理

东风剧团前身系1958年4月15日创办的邯郸专区戏曲学校豫剧班。在党的阳光雨露沐浴下，我们这些从农村来到城市的孩子，幸福地开始了我们的艺术生涯。

1959年6月2日晚，周总理在观看邯郸戏校豫剧班演出后，上台和小演员握手。

在党的关怀和老师的辛勤培育下，半年多的戏校生活，我们相继排演出了现代戏《朝阳沟》《党的女儿》，以及传统戏《穆桂英挂帅》《花木兰》《黄金婵》《盘夫》《白水滩》《杀四门》等十几个剧目。1958年年底，在老师的带领下，我们开始到各县实习演出了。

1959年6月1日，正当我们巡回演出归来，在邯郸热烈庆祝“六一”国际儿童节之际，6月2日上午，领导突然通知我们：今天晚上有重要演出任务。演出的剧目是《穆桂英挂帅》《盘夫》和落子剧《借髢髢》。领导要我们赶快做好演出的准备工作，并说：“为了保密工作的需要，从现在起任何人不准请假外出，不准向外透露今晚有演出任务的消息，更不准带任何亲友来看戏。”因为这是我们第一次接受这样特殊的任务，所以心里都很紧张，又很纳闷。大家你看看我，我看看你，各自心里都暗暗地猜想着，今天晚上的这位首长究竟是谁？

下午，我们提前吃过了晚饭，整整齐齐地排着队，到我们晚上演出的地点——中共邯郸地委大礼堂去了。

当时，我在《穆桂英挂帅》一剧中，扮演穆桂英的儿子杨文广。平时演出，本来我都是自己化妆，可是今天晚上，由于我的心一个劲儿地“怦怦”直跳，一会儿不是底色画白了，就是底色画红了。不是鼻梁画歪了，就是眉和眼画得一边低一边高了。真是画了洗，洗了画，怎么也画不好。最后，只好请一位老师给我化好了妆。

晚上八时整，演出开始了。这时，我早就把领导讲的话“上台后不准走神，不准乱看，要聚精会神地演出”忘得一干二净了。我迫不及待地走上舞台，一眼就看到那位在台下前排就座的是我们敬爱的周恩来总理！周总理神采奕奕，红光满面，身穿一件半旧的短袖白衬衫，正兴致勃勃地一边看我们演出，一边同省、地领导同志连声夸奖：“这些娃娃演得好！这些娃娃演得好!”演出中，总理一会儿指指我们这个，一会儿指指我们那个。他老人家看着我们这些孩子的演出，脸上始终洋溢着满意的笑容。

演出结束后，周总理走上舞台，同我们一一握手，合影留念。周总理迈着矫健的步伐，面带笑容地走到我的面前时，我紧紧地一把抓住周总理那只温暖的手，心里虽有千言万语，可一时却不知该怎么说好了，只是望着周总理一个劲儿地傻笑。总理像对自己孩子一样亲切地询问我们：“学戏多长时间了，多大岁数了，能演几个戏……”当时，由于我们年龄小，又是第一次见到周总理，心情特别激动，所以，总理的问话我们有时听不清。在场的省、地委领导同志向总理汇报说：“孩子们才学戏一年多的时间，都才十二三岁，能演出十几个戏。”总理高兴地说：“好！好！年纪很小，演得很好。在党的文艺方针路线指引下，我们的第二代成长得挺好吗!”周总理亲切指示：“暑期快到了，让孩子们到北戴河去演出，请在那里避暑的老人们(指一些年纪较大的党和国家领导人）都看看我们这些娃娃，都看看我们的新生力量。”

## 到西花厅总理家做客

在周总理的亲切关怀和指示下，1959 年 7 月，我们这些邯郸戏校豫剧班的小演员，第一次赴北戴河为党的老一辈革命家(郭沫若、徐特立等）进行汇报演出。1959 年 8 月 19 日，当郭老知道我们是周总理亲临邯郸视察，首次发现的我们这些小演员，并亲自指示，让我们到北戴河演出时，郭老非常高兴。应我们的请求，郭老亲笔为我们题名：东风剧团。从此，我们这个邯郸戏校且由郭老亲自命名为东风剧团的小豫剧班，在北戴河诞生了。

1959年10月20日，周总理、邓颖超在中南海西花厅与东风剧团小演员合影。

在北京，最让我们难忘的是1959年10月20日，我们到中南海西花厅总理家作客。那天，我的心情特别地高兴和激动，我们做梦也没有想到，我们这些来自农村，才刚刚十几岁的孩子，今天，要到我们敬爱的周总理家中南海西花厅作客了。出发前，由于我是我们这些孩子中唯一一个只上过几天小学的小学生，几个大姐姐反复嘱托我，让我一定要带上一个笔记本，一定要把周总理、邓妈妈对我们的谆谆教导全部都记下来，一定要把这一幸福的时刻传达给没能来的小朋友，告诉给我们的父母亲，让他们一起分享我们到中南海西花厅周总理家作客的幸福情景。下午三点半，周总理和邓妈妈派来接我们的汽车终于被盼来了，我们早早就都穿上最新最新的新布鞋，换上最新最新的新衣裳，胸前佩戴好鲜红鲜红的红领巾，高高兴兴地上了汽车，直奔中南海西花厅去了。汽车很快在通向中南海西花厅的一个小路旁停了下来。当我们刚要走下汽车时，一眼就看到了我们的邓妈妈，她早已在通向西花厅的路口等候着我们。我们一个个欣喜若狂，非常高兴，一起向邓妈妈的身旁跑去，纷纷向邓妈妈问好。邓妈妈和我们一一握手，并亲切地说："可把你们给盼来了，欢迎你们！欢迎你们！"邓妈妈边走边向我们问长问短，问寒问暖，邓妈妈并向我们解释说："总理正在办公室，有点儿工作没处理完，等一会儿就来，大家休息一会儿，喝点儿水，吃点儿糖果，等一等吧。"邓妈妈热情地把我们让进会客厅，客厅的茶几上早已摆好了我们爱吃的花生蘸、核桃仁、苹果、奶糖、水果糖等。邓妈妈先让我们坐下，又亲自为我们抓糖，拿水果，并亲切地说："快吃，快吃，多吃一点儿，还要代表没来的小朋友吃一点儿。"邓妈妈一一给我们抓着糖，当她看到在座的小朋友里，只有我一个男孩子时，就伸手把我拉在她老人家的身边坐下来，抓了一把又一把糖果，让我快点儿吃，多吃一点儿。邓妈妈风趣地说："今天到我家里来的，就你一个男孩子，你是男孩子的唯一代表，你要代表没来的男孩子们多吃一点儿。"她一边说着，一边又抓了一把又一把糖果，把我的小口袋塞得满满的，还反复嘱咐我："把糖果带回去，给没来的小朋友吃。"我幸福地坐在邓妈妈身边，吃着邓妈妈给我的糖果，再摸摸邓妈妈给我装得满满的小口袋，真是高兴得不知说啥才好。只是目不转睛地望着邓妈妈那慈祥的面容，从心底里洋溢出一股幸福的暖流。

邓妈妈又亲切地给我们讲述了她过去是怎样跟着总理一块闹革命的历程。她语重心长地说："过去闹革命是很艰苦的。你们现在多幸福。要听毛主席的话，好好学习，不要骄傲。别以为毛主席和总理都看了你们的戏，又鼓励你们演得不错，就觉得了不起了。”

那天，邓妈妈还特意对在场的女孩子们说：“你们女孩子，平时有个弱点，就是意志脆弱，工作中遇到一些不顺心的事或困难，爱哭。不要哭吗，应该坚强，要敢于克服困难。”

我们正在聚精会神地听着邓妈妈那慈母般的教诲，不知是谁喊了一声：“总理来了，总理来了！”我们急忙迎了出去。只见总理从会客厅的西侧走了过来。看着总理的到来，我们真像见到久别的亲人似的，一起簇拥到周总理的身旁，纷纷向周总理问好。周总理热情地和我们一一握手表示欢迎，总理和我们谈政治、谈学习、谈艺术、谈工作、谈家庭、谈生活上的一些小事。他逐个地仔细询问我们叫什么名字，几岁了，是什么地方的人。一位原籍是河北省曲周县的小演员，向总理答话时说得快了一点，总理把“曲周”听成“徐州”了。我们一位老师急忙向总理解释说：“不是江苏省的徐州，是河北省的曲周。”总理爽朗地笑着说：“啊，是河北省的曲周，我以为是江苏省的徐州呢。”当总理问到我时，邓妈妈正紧紧地把我搂在他的怀里。总理这么一问，我还真有点拘束了，我用手指抠着嘴唇回答说：“我叫王振国，14 岁了，是曲周县王村人。”总理亲切地一会儿抚摸着我们这个，一会儿又拉着我们那个，一会儿又把我们紧紧地搂在他的怀里，让我们一个个感觉像回到了自己的家里，感到无比的温暖。

总理还向我们详细介绍了梅兰芳、程砚秋、尚小云、荀慧生等艺术大师的学艺情况。总理教导我们说：“旧社会学习艺术不容易，到处受有钱人的欺辱，挨打受气，被人看不起。你们现在多幸福，生长在新社会，是新中国的儿童，一定要珍惜今天这来之不易的美好生活。你们要好好向老师学习，要听毛主席的话，要勤学苦练，好好为人民服务。”谈话中，总理指示我们：“这次你们来北京参加建国 10 周年献礼演出，是一个很好的学习机会，要好好向北京的艺术大师们学习，要多看几场他们的戏。要博采众长，向到北京来参加献礼演出的各地方剧种的艺术大师、名演员学习。”最后，总理又亲切地说：“你们是祖国的新一代，是社会主义的新生力量，这次在北京多演几场，让首都人民和一些老人们都看看你们这些娃娃。”

那天，邓妈妈非常理解我们这些“小客人”的心情，她满面笑容地对总理说：“跟孩子们合个影吧。”总理也高兴地连声答道：“好，好。”邓妈妈的话一下子说到了我们的心坎里，我们多么想留下到总理家做客的珍贵镜头啊！这一愿望终于实现了。在邓妈妈的亲自安排与指挥下，我们一起簇拥在周总理、邓妈妈的身边，在总理家会客厅前的台阶上，和周总理、邓妈妈一起合影留念。50 多年来，我一直珍藏着这一张张珍贵的照片。它时时刻刻都在给我以无穷的力量，永远激励着我好好学习，永远前进。

## “让外国朋友也看看我们的新一代”

1960 年 3 月，在周总理、邓妈妈的亲切关怀下，我们又来到北京演出。“三八”妇女节前夕，我们突然接到通知，全国妇女联合会“三八”妇女节要在人民大会堂举行文艺晚会，招待来自世界各国的驻华女专家、女留学生和驻华使节夫人及其他各界妇女代表，邓妈妈亲自推荐让我们承担这一光荣的演出任务。我们听到这个消息非常高兴，但心里又有点儿紧张。我们怕在容纳一万多人的人民大会堂里演出，有点儿力不从心，怕完不成任务。邓妈妈知道后，始终坚持让我们来承担这一光荣的任务，只是把演出地点改变了一下，让我们在人民大会堂的小礼堂演出。演出前，邓妈妈提前来到剧场，首先到后台看望了我们。她老人家一进后台就亲切地鼓励我们说：“听说你们对今天晚上的演出心里还有点儿紧张，怕演不好，不要害怕，要大胆地演，我相信你们一定能演好。”邓妈妈接着说：“让你们为世界各国的妇女代表演出，是让外国朋友也看看我们的新一代，是有特殊意义的，是有国际影响的，你们一定要努力把戏演好，为我们的新中国增光。”听着邓妈妈那亲切的叮嘱，我们一个个心里头乐滋滋的，一起鼓足了勇气回答：“我们一定演好，为新中国增光！”邓妈妈看着我们一个个充满胜利信心的神情，也高兴地说：“好，好，祝你们演出成功！”

演出中，邓妈妈陪同各国的妇女代表坐在一起，兴致勃勃地边看戏，边指着台上演出的每个角色和演员，熟悉地向各国妇女代表一一介绍。此时此刻，邓妈妈好像成了我们剧团的一位领导，在向外国朋友详细地介绍着我们这些孩子们的情况。

演出结束后，邓妈妈非常高兴。她笑容满面地亲自陪同各国妇女代表走上舞台，向我们赠送了一个大花篮，祝贺我们演出成功。在舞台上，我们同各国的妇女代表虽说语言不通，但从她们一个个那兴致勃勃的神态中，我仿佛看到了她们对我们这些孩子们的演出很满意。在接见中，有的外国朋友还不停地用中国话连声说：“谢谢！谢谢！你们演得很好！”陪同她们的邓妈妈，这时也为我们演出的圆满成功而显得格外高兴。

临别，邓妈妈又风趣地说："戏演完了，不紧张，不害怕了吧。"邓妈妈还热情地鼓励我们说："你们这不是演得挺好吗。你们为全国的小朋友争了气，增了光。赶快卸妆，准备吃饭。"多么亲切地关怀和巨大的鼓舞啊！邓妈妈不但自己看到我们这些孩子们心里高兴，还要让外国朋友也看看我们伟大祖国的新一代在茁壮成长。

## "小孩儿睡这个怎么行"

1961 年 5 月 1 日，周总理、邓妈妈又亲临邯郸，同邯郸人民一起欢度"五一"国际劳动节。"五一"前夕，两位老人不顾旅途劳累，当晚，便来到我们的驻地观看我们的演出。总理一下汽车，看到在他老人家的亲切关怀下新盖的东风剧场，便高兴地说："郭沫若亲笔题名，好！好！"总理还风趣地说："剧场盖得不错，北京的中国青年艺术剧院也没有这么好的剧场，你们一定要珍惜。"

演出中，总理对每一场戏都看得非常认真，当看到折子戏《茶瓶记》里小丫鬟春红拿的不是茶瓶时，便及时指出："茶瓶记，茶瓶记，为什么不拿茶瓶，拿个花瓶。"《斩秦英》上场后，总理看到唐王李世民的老婆胡搅蛮缠不让斩秦英时，幽默地说："唐王李世民的老婆太厉害了，有点不讲道理。"演出结束后，总理又热情地鼓励我们："一年多没见，孩子们进步不小。"

5 月 1 日上午，邓妈妈又亲自来到我们的驻地和我们一起欢度"五一"。邓妈妈一下汽车便高兴地说："总理工作忙，有事不能来，让我来看看你们。我代表总理向你们问好，向你们致以节日的祝贺。今天，咱们一起欢度‘五一’国际劳动节。”

在我们的驻地，邓妈妈亲切地坐下来看我们排练。当她看到我们正在排练豫剧皇后陈素真老师的代表剧目《叶含嫣》时，热情地鼓励我们说：“好，好，要好好学习，要把老师的艺术都继承下来，全部学到手。”在排练场，邓妈妈还特意走到乐队同志的面前说：“你们演奏得很好，你们很辛苦，你们是观众看不见的幕后英雄，是默默无闻的无名英雄。”在我们的宿舍，当邓妈妈走到我们这些男孩子的床铺前，用手一掀炕席，发现睡的是土炕，又用手摸了摸，感到有点儿潮时，马上对在场的地委领导说：“小孩儿睡这个怎么行，太潮了，要生病得关节炎的，快点儿给孩子们换成床板吧。”第二天地委领导遵照邓妈妈的指示，及时派人给我们送来了床板。当邓妈妈走到我们老师宿舍时，看到老师宿舍里卫生搞得不太好，不太整洁时，邓妈妈风趣地批评他们说：“你们当老师的，没有学生屋里整齐，老师也要向学生好好学习。”谈话中，邓妈妈发现她所熟识的一位女演员没有在场时，便关切地问她到哪儿去了。一位同志回答：“她到北京看嗓子去了。”邓妈妈听了，带着惊讶的口吻说：“怎么，她的嗓子坏了！给我写个地址，我回到北京，抽空去看看她……”

晚上，周总理、邓妈妈又参加了邯郸人民欢度“五一”国际劳动节的庆祝晚会。并由我们为周总理、邓妈妈演出了陈素真老师的代表剧目《宇宙锋》等戏。

## “我们的‘小东风’哪里去了?”

1963 年夏天，河北省发生了特大洪水的灾害，当时东风剧团一队在北戴河执行暑期演出任务，二队被水围在了河北省宁晋县。10 月份，因洪水灾害，我们暂时不能回邯郸，在中央领导同志的关怀下，让我们一队从北戴河又来到北京演出。有次我们正在国务院小礼堂演出郭沫若的历史剧《虎符》，忽然，邓妈妈走进了后台。邓妈妈一见到我们便极为关切地说：“听说你们来了，总理让我先来看看你们。等会儿，总理还要来看望你们，观看你们的演出呢。”邓妈妈一边说着，一边仔细地端详着我们，亲切地问：“河北发了大水，总理很着急，总理问，我们的‘小东风’哪里去了?”我们忙对邓妈妈说：“我们一队没什么事，洪水泛滥时，我们正在北戴河演出。就是我们的二队，被洪水围在了河北省宁晋县。”邓妈妈忙问：“现在怎么样了?”当听我们说“现在没事了，已经离开了宁晋县城”时，邓妈妈才面带笑容地松了一口气，又带着责备的语气说：“你们怎么也不给我来个信呀!”我们天真地回答：“邓妈妈，写信寄哪儿呀?我们怕您收不到啊!”邓妈妈笑了笑说：“你们就写国务院，周恩来收，还能收不到啊!”邓妈妈接着说：“河北受了灾，总理几天几夜睡不好觉，我们也拿出钱捐给了灾区。”邓妈妈亲切地问大家：“你们谁家受了灾，举起手来。”当时，我们一个个都愣住了，不知道邓妈妈是什么意思，以为她老人家是要了解一下我们受灾的人数呢。于是我们大家你看看我，我看看你，受灾的同志都一个个地举起手来。邓妈妈站起身子，仔细看了一遍，数了一下，然后让我们又都放下了手，亲切地说：“你们受灾的同志，家里都有什么困难，需要什么，我和总理可以拿出钱来帮助你们。”顿时，我们一个个感动得热泪盈眶，我们无限感激地对邓妈妈说：“没有困难，没有困难。”我们还向邓妈妈汇报说：“我们也都互相帮助捐了钱，剧团也救济了受灾的同志。”邓妈妈高兴地说：“好，好。现在受了灾和旧社会不一样，有毛主席，有党中央，天大的困难也能克服。”

晚上，周总理、邓妈妈又一起观看了我们演出的郭沫若历史剧《虎符》。演出中，总理因有事需要处理提前走了。演出结束，邓妈妈代表总理走上舞台看望了我们。谈话中，邓妈妈特意为总理没有看完戏，未能上台同我们合影留念解释说：“照相，咱们已经照了多次了，为了节约，这次咱们不照相了，把‘相’照到脑子里去吧。”最后，邓妈妈又热情地鼓励我们说：“你们的艺术水平提高很快，进步很大，取得了很大成绩，这都是毛主席的领导好，党的培养好，老师教得好，学生学得好。希望你们戒骄戒躁，继续努力，争取今后取得更大的成绩!”

## 赴北京悼念周总理

1976 年 1 月 8 日，噩耗从天而降，敬爱的周总理与世长辞了。我们这些在周总理慈父般的关怀下成长起来的孩子们，一个个心如刀绞。连日来，我们不顾“四人帮”不准悼念周总理的道道禁令，毅然决定停止了排戏，停止了演出，停止了工作。1 月 9 日晚，我们又派 5 名代表，带上周总理生前和我们在一起照的珍贵照片，以及写给邓妈妈的亲笔信，乘火车直奔北京，沉痛悼念我们敬爱的周总理。

1 月 10 日早晨 6 点半，我们来到了北京。下车后即和在中南海工作的李树槐、马启富同志取得了联系。一见面我们就失声痛哭，泪如泉涌。大约 5 分钟后，李树槐、马启富同志才开口说："你们敢来北京，胆量可真不小。"随后，他俩无可奈何地说："周总理的悼念活动，中央有规定，我们确实无能为力。看来只有你们自己去找治丧委员会，争取能参加悼念周总理的活动。"上午 10 点多，我们终于找到了首都人民隆重悼念周总理的地方——北京医院。那里早已挤满了强烈要求悼念周总理的广大群众。我们拿出同周总理在一起照的珍贵照片和写给邓妈妈的信，同警卫人员好说歹说也无济于事。直到中午 12 点多了，我们对周总理深切怀念的泪水，终于把警卫人员给感动了。最后，才答应进去给我们报告一下。不一会儿，出来一位年龄较大的负责同志，上下打量了我们一番后，把我们的信和照片都一一收下了，并让我们到里边屋内先等一等。又过了一段时间，这位负责同志传达了邓妈妈及总理秘书的指示。这位负责同志说："你们的信及照片都交给总理秘书了，并请示了邓颖超同志，让你们明天到劳动人民文化宫，第一批参加周总理的吊唁仪式。现在总理的灵车正准备出发，总理的遗体马上要运到八宝山火化，不能再瞻仰周总理遗容了。请你们明天 8 点，准时再到这里来领取参加吊唁的临时特别许可证。"

1 月 11 日上午 8 点，临时特别许可证准时拿到了，上面有总理秘书的签字："经请示邓颖超同志，同意河北邯郸东风剧团 5 位同志，第一批参加周总理的吊唁仪式。"多么珍贵的一张临时特别许可证呀。后来，我们又听有关人士讲，这样的临时特别许可证，全国只签发了仅有的几张，真是太珍贵了。当我们拿着这张临时特别许可证，走进劳动人民文化宫的吊唁大厅时，我们一个个泪流满面地在总理遗像前肃立默哀，深切地向周总理表达了我们这些孩子们的无限敬仰和怀念之情。

离京返邯后，当我们把首都群众隆重悼念总理的情况告诉大家后，更加激起了同志们对周总理的无限怀念。1 月 15 日，我们不顾“四人帮”设置的“不准戴白花”“不准戴黑纱”“不准开追悼会”的禁令。我们东风剧团的全体同志，一个个臂戴黑纱，胸佩白花，在我们的住地东风剧场，为我们敬爱的周总理开了追悼大会。追悼会上，我们这些在周总理亲切关怀下成长起来的孩子们，一个个泣不成声，纷纷发言，深切缅怀周总理的丰功伟绩，缅怀周总理对我们这些孩子们慈父般的爱，充分表达了我们这些孩子们对周总理的无限敬仰和怀念之情。

## “要永远革命，前进！前进！”

“四人帮”被粉碎后，应中国科学院的邀请，我们于 1977 年夏天又来北京演出。在北京，邓妈妈于 1977 年 7 月 10 日，亲切接见了我们赴北京演出的全体同志。会见中，邓妈妈心情特别愉快，她老人家一见面便非常熟悉地指着在座的女演员胡小凤、牛淑贤说：“我知道，你是演武则天的叫胡小凤，你是演红娘的叫牛淑贤。”随后，邓妈妈亲切地将牛淑贤拉在自己的身边坐下说：“淑贤，你今年二十几岁了？”牛淑贤一听乐呵呵地笑着说：“邓妈妈，还二十几岁呢，都 32 岁了。”邓妈妈这时也笑着回忆说：“是啊，时间过得太快了，我看你们演出时，你们都才十几岁，现在都长大了。”

由于久别重逢，日夜想念的好总理与世长辞，我们悲喜交加，激动的热泪止不住往下流。这时，邓妈妈却强忍着自己的悲痛，安慰我们说：“不要流眼泪，要坚强吗。掉眼泪有两种情况，愉快时流眼泪，悲伤时也流眼泪，我不喜欢流眼泪。总理逝世后我不流眼泪了，我保持沉默。这是考验自己，要经受住考验，要坚强，要跟他们斗吗！”接着，邓妈妈坚定而有力地说：“在党中央的领导下，打到了‘四人帮’，党奸国贼连根拔了，平了民愤，这是多么伟大的事业。”

谈话中，邓妈妈深情地回忆说：“第一次看你们演出，你们才十几岁。1959 年在北京看过你们演出。1960 年在北戴河、在北京看过你们演出。1961 年在邯郸，1963 年在北京也看过你们演出。现在都长高了。”我们一个个激动地对邓妈妈说：“邓妈妈，您整天忙于国家大事，这些事您都还记得清清楚楚。”邓妈妈风趣地说：“当然记得呀，你们是我联系来的，我是你们的观众，观众怎么能把演员忘了呢。”

会见结束时，邓妈妈又非常高兴地亲自组织大家合影留念。因为这是粉碎“四人帮”后第一次见到邓妈妈，她老人家非常高兴。她满面笑容地对新华社记者小赵说：“你不要光照中间这一块，要照全，要多照几张。”说话间，邓妈妈又乐呵呵地转过身来，对大家说：“小赵同志今天给咱们照的是彩色照片，现在条件好了，咱们多照几张。”

要和我们告别了，邓妈妈又反复嘱咐我们：“你们的年龄和身体都长了，政治水平和艺术水平也要跟着长。希望你们好好学习，努力工作，把戏演好，好好为人民服务，为社会主义服务。”

临上汽车了，邓妈妈又突然停下来，站在车门前，对我们寄予无限期望地说：“你们已经是第三代了，你们要坚强，要比我们更坚强，要永远革命，前进！前进！”

朗诵：海棠花祭（吕中朗诵）

# 周恩来的绍兴乡情

马云庆
浙江省绍兴国家高新区纪检组副组长

周恩来祖籍浙江绍兴，在血统上与鲁迅先生为本家。1952年周恩来对许广平说：“排起辈分来，我应该叫你婶母哩。”1969年周恩来对周建人说：“我已查过了，你是绍兴周氏20世孙，我是绍兴周氏21世孙，你是我长辈，我要叫你叔叔哩！”

## 一、周恩来祖上迁浙、绍简史

绍兴周恩来老宅第一进门斗，上悬板对一副：“莲溪绵世泽，沂国振家声。”（莲溪指周敦颐，号称“周家始祖”。沂国为元代沂国公周茂。）

周澳是迁入绍兴始祖。周庆为迁入绍兴城内宝佑桥始祖。

元末明初，朱元璋的军队攻入绍兴，周万的儿子周庆携家人从郊区迁入绍兴城内宝佑桥。宝佑桥周氏（又称“老八房”）尊周庆为始祖。从此周姓人家居住在会稽县（今绍兴市区）达600多年。

周庆字德芳，赠文林郎，曾任明朝山西道监察御史。殁后与妻合葬绍兴破塘殷家坞山麓。

## 二、周恩来家族的师爷传统

周恩来所属的宝佑桥周氏，仅在清代就出过两位进士、五位举人。在五位举人中，其中四位是：周恩来的嫡堂伯父周和鼐［nài］、周嵩尧和再从堂伯父周嘉琛和周嘉英。

周氏家族的突出特点是有外出当师爷的传统，推崇“温、良、恭、俭、让”。

1863 年秋，周恩来的祖父周攀龙 19 岁跟随亲二哥周昂骏北上淮安，随二哥在衙门学幕。6 年学成后，在淮安府当上了刑名师爷。1871 年回绍兴成亲。新娘鲁氏是绍兴皋埠人。1874 年 5 月，周恩来的父亲在绍兴出生。大约 1878 年后周恩来的祖父举家迁到淮安。祖父周攀龙后官至海州直隶州知州。

在绍兴周恩来故居的小堂前有一副对联：“事能知足心常泰，人到无求品自高”，这便是周恩来家的家训。亲大伯周贻赓与少年周恩来生活在一起的时候，经常教育侄儿铭记绍兴周氏治家格言“孔子儿孙不知骂，曾子儿孙不知怒，周家儿孙不知求（名、利）”。

在长期的政治生涯中，周恩来的行事风格引起了国内外学者的极大兴趣。英国作家迪克·威尔逊在研究周恩来时有一个困惑不解的问题，即为什么周恩来“在中国共产党半个多世纪的领导中，他一贯地帮助别人升到顶端，而自己却拒绝这顶桂冠”。的确，周恩来投身革命后，从来没有谋求最高领导地位的愿望，尽管历史上不乏这样的机会。周恩来这种政治性格的形成，一方面固然是他意识到自己的某些局限性，另一方面与他的绍兴家族文化及家训都有一定的联系。周恩来在谈及与毛泽东的关系时多次表示：毛主席是搞战略的，我只能搞点战术，当助手是否当得好，还没有把握。这虽是自谦之词，但也反映了他甘当助手和配角的自我定位。

周恩来性格的基本特征偏于柔和、温情，但后来长期的政治生活又锤炼和丰富了他的性格结构。毛泽东曾以“虎气”和“猴气”自喻，而日本学者梨本佑平认为“鹰和鸽的极为不同的双重性格”潜伏在周恩来的体内，他有待人接物的彬彬有礼和恰如其分的温和，但他也有“尖锐严厉”的时候。

## 三、童年周恩来生活在绍兴

1893年前后，周恩来的父亲在绍兴跟他的皋埠西鲁村表叔鲁小和（绍兴大师爷）学幕，这一学便是6年（先跟学3年，出师后再跟老师作幕3年）。周恩来的父亲说，恩来是在绍兴出生的。当时他们就住在绍兴城内保佑桥故居诵芬堂。（笔者注：周恩来在绍兴出生有待进一步深入考证。）

父亲周劭纲在绍兴学师爷。周劭纲最小的弟弟周贻淦［gàn］（四兄弟中最小的一个，1878年4月6日生于绍兴百岁堂）在淮安，20岁时得了痨病，膝下无嗣。周恩来祖父决定，为了“冲喜”，就把只有几个月的大孙子过继给了小儿子。写信要在绍兴老家的他们把恩来送到淮安。因为按绍兴传统习俗，“不孝有三，无后为大”。倘若就这么死去，不仅绍兴百岁堂祖宗的祭坛上不能放他的牌位，而且遗留下来的寡妇也永远被家族内外的人看不起。

然而，收继子的喜悦并未给周贻淦的病带来转机。两个月后，周贻淦去世，周恩来由嗣母陈氏精心抚养。过继后，周恩来叫亲生父母为干爹干妈。

在《周恩来与邓颖超》一书中，周恩来 1958 年 6 月 29 日在给淮安县副县长王汝祥的一封信中说："在公家接管房院后，我提出两个请求：一是千万不要再拿这所房屋作为纪念引人参观。如再有人问起，可说我来信否认这是我的出生房屋，而且我反对引人参观。实际上，从我婶母当年来京谈话中我得知，我幼时同我寡母居住的房屋早已塌为平地了，故别人传说，都不可靠。"信中周恩来否认淮安附马巷故居是他出生的房屋，承认淮安是他和寡母（嗣母）曾住过的地方。

周恩来的祖母鲁氏是土生土长的绍兴皋埠人。鲁氏在绍兴诵芬堂故居生下 4 个儿子后，1878 年前后离开家乡北上苏北与丈夫团聚。虽远离故乡，但她承担着每年回乡祭祖扫墓的任务。周恩来是她的长孙，被鲁氏视为掌上明珠。鲁氏每次回乡都把长孙带在身边，祖孙一行人就住在百岁堂西院的诵芬堂，一住就是半年。他们还经常坐船去西鲁村舅公家玩耍。

1905 年，周恩来的二伯父周贻康婚后带着新婚妻子回绍兴祭祖扫墓，周恩来的父亲和周恩来也跟随前往。

周恩来虽然出生在一个封建官宦家庭，但到他的父辈家里就已经衰落，两个母亲先后去世后，1909 年，周恩来再一次来绍兴投奔至亲，这里有他的堂二妈、堂三妈和火珠巷的二姑妈周桂珍。少年恩来又在绍兴生活了一年。

周恩来自小对越剧、绍剧有深刻的记忆。1957 年 4 月 25 日周恩来在杭州观看金华越剧团演出《孟丽君》后接见该剧演员时，曾对她们说："我也是绍兴人，是你们的同乡呀。我的祖母喜欢看戏。过去越剧叫'的笃班'，是吗？我小时候祖母带着我看过这出《孟丽君》，它以前叫'华丽缘'。你们演得很好。"

1950 年 7 月、8 月周恩来接见上海越剧团范瑞娟、傅全香等人时，对她们说："我在年纪小的时候就看过'的笃班'，是在绍兴看的，我还小呢，我还记得两句话：可恨山主太不良，强逼民女罪难当。"说得大家都笑起来了。

## 四、周恩来回乡、祭祖、扫墓

1924 年周恩来从法国回国，专门转道绍兴探亲。看姑父，归还旅资。

1939 年年初，周恩来要回浙江宣传党的六届六中全会精神，要向蒋介石请假，必须要找个理由。蒋介石 1928 年一上台就为母亲修墓，以孝子闻名。所以周恩来以 20 多年没有回故乡绍兴祭祖扫墓为名，向蒋介石请假，蒋介石同意了。

3 月 29 日周恩来祭扫了在绍兴郊外的 14 世、15 世、16 世、17 世、18 世祖坟。周恩来还在祭簿上续写了在淮安的兄弟的名字。在姑父家，周恩来还与小时一起生活过的表兄妹合影。在姑父家为王家三代 11 人题词 13 幅。

在绍期间，周恩来还回到皋埠镇西鲁村舅公家寻找小时的伙伴。

1939 年 3 月，周恩来回绍兴扫墓与友人合影。

## 五、新中国成立后周恩来的亲情观

新中国成立后，周恩来在省政府领导陪同下，来绍兴鉴湖调查渔业生产情况，批示要把绍兴渔业生产搞上去，让人民过上好的生活。

1953 年，周恩来指示上海电影制片厂把越剧（绍兴戏）《梁山伯与祝英台》拍摄成电影，这成了新中国“第一部”彩色戏曲片。1954 年 4 月 20 日，周恩来率领中国代表团参加日内瓦会议，点名让工作人员只带彩色越剧电影片《梁山伯与祝英台》。

绍剧（绍兴戏）《孙悟空三打白骨精》周恩来引荐给毛泽

东、郭沫若等党和国家领导人观看。毛泽东看过此戏后，于1961年11月7日作七律一首《和郭沫若同志》，有“金猴奋起千钧棒，玉宇澄清万里埃”之名句。

新中国成立前，周恩来重视亲情；新中国成立后，周恩来强调的是自身的廉洁自律。

一是劝六伯不要回绍兴省亲。

六伯周嵩尧生前与绍兴走得最近、对绍兴也最热爱。

1949年后在世的伯父中只有周嵩尧还健在。1949年10月被周总理迎养。周嵩尧虽然身在北京“官职优闲”，生活上也有人照顾，却依然思念家乡，尤其是想回故乡绍兴看看。周总理婉言规劝六伯父周嵩尧不要回去。周嵩尧是个见过世面又十分识大体的老人，他马上理解了侄儿的意思，以后他再也不向周总理提任何个人要求了。

二是交百岁堂旧宅房产税。

1949年新中国成立之初，百岁堂周家族人多失业在家，生活困难。1950年住在百岁堂西院（周恩来故居诵芬堂）的从堂叔周云峰写信给周恩来，说自己已经失业，无钱缴纳房产税。于是“总理有38万（旧人民币）汇到十三分会来缴纳百岁堂（西院）的房产税”。1953年住在百岁堂中院（周恩来祖居锡养堂）的族曾祖父周希农和东院的族曾祖父周文炳也因无力缴纳房产税而联名写信给周恩来请求援助。不久他们收到周恩来的复电，大意是国家税收绝对不能欠缴，并要一次交清。两个月后周恩来给周希农汇来人民币20万（旧人民币）交税，周希农和周文炳又想尽办法将不足部分凑齐，终于交清了全部房产税。

三是堂叔周云峰来京，周恩来为此开家庭会，提出《十条家规》。

1956年秋，在绍兴百岁堂的堂叔周云峰直接到京找周恩来要求安排工作，周恩来在热情接待之余，动员叔叔回绍兴，自谋职业。为此，总理制定了著名的《十条家规》：

1. 晚辈不准丢下工作专程去看望他，只能出差顺路时去看看；

2. 来者一律住国务院招待所；

3. 一律到食堂排队买饭菜。有工作的自己买饭票，没工作的由周恩来代付伙食费；

4. 看戏以家属身份买票入场，不得用招待券；

5. 不许请客送礼；

6. 不许动用公家的车子；

7. 凡个人生活能自己做的事，不要别人来办；

8. 生活要艰苦朴素；

9. 在任何场合都不要说出与周恩来的关系，不要炫耀自己；

10. 不谋私利，不搞特殊化。

四是委托邓颖超省亲，劝阻修复故居。

1959年，邓颖超来到绍兴省亲，看望表兄表亲。其间，又一次转达了周恩来的意见，劝大家“不要修复（百岁堂），把钱用在国家建设上去”。1960年秋，经周建人省长建议，浙江省政府拨款，绍兴县政府对百岁堂（中院一、二进）进行了基本修复。此事被周恩来知道后，于1961年2月责成总理办公室主任童小鹏通过电话向浙江省委传达了他的3条意见：“1. 本来就不同意修，也不应该修。2. 既然修了应作公益用。3. 不要作纪念馆，不要让人参观。”根据周恩来的指示，绍兴县委决定将百岁堂（中院一、二进）作为鲁迅图书馆的公共阅览室对外开放。

五是平绍兴祖坟。

绍兴县平水唐家岙和狮子山等处的周恩来祖坟地，1977 年邓颖超按照周总理生前嘱托，派人到绍兴平掉了。总理的祖坟被平掉后，坟地交公，由农民使用。

1939 年 3 月 29 日，周恩来回祖籍地绍兴祭祖扫墓。新中国成立后，他又坚决平掉绍兴等处祖坟。从周恩来敬祖与平坟的矛盾冲突中，人们看到的是总理对亲人的深厚感情以及他心怀国家、情系人民的彻底唯物主义孝道观。这种孝道饱含了周恩来的亲情情结、报本观念和寻根心理，更饱含了他无私奉献、甘当人民公仆和谦虚谨慎的精神。

# 在北京饭店就餐的周总理

萨　苏
著名学者

多年前，我曾计划写一部《一百个普通人眼里的周恩来》的书，于是结识了北京饭店的陆师傅。

对北京饭店来说，周总理是一个相当熟悉的面孔。周总理颇为偏爱这个地方，很多不是非常正规的谈判、会见等，往往就在这里进行，有的时候因为连着几天的事情都要在这里处理。周总理还会在饭店里找个房间睡上一觉。所以北京饭店的老服务员对周总理都比较熟悉，几乎每个人都能说出一两个关于总理的段子来。

一上来，陆师傅就给我讲了这样一个故事。

陆师傅第一次见到周总理有点儿意外。那是60年代早期，三年困难时期刚过，快过年的一天，餐厅来了一批冻猪肉，上边让能空出手的都去帮忙卸车，于是大家便都去扛冻肉。卸车的地方在后院，陆师傅正走到后楼门边，有一个人推门走了出来，看见他扛着半片冻猪而来，便向旁边一让。陆师傅走进去，向那个人点点头致谢，一下子认出这个人是周总理。

陆师傅说当时脑子里一片空白，简直不知道该做什么，扛着半片猪肉，也不能撂下找总理握手吧？要不说点儿什么？可说什么呢？

这时候总理已经继续往外走了。当时周总理身边居然既没有秘书也没有警卫。这显然是一件不正常的事情，怎么会放那么大的中国总理一个人“自由行动”，陆师傅至今不得而知。

以后见面就多了，他发现周总理在北京饭店十分随便，和厨子甚至服务员都很熟悉，有时候工作忙了就在饭店叫个菜吃。他吃饭都是自己付钱，但点菜的水平相当不错，味道好、有特色、还经济。可是周恩来事情忙，身边总是有人找他汇报办事，络绎不绝，在公共场合见到他一个人“自由行动”的场面可谓绝无仅有。

和越南人谈判期间，陆师傅多次赶上值班，有的时候周总理的秘书或者医生就会突然通知他“给总理搞点吃的”。北京饭店的厨子们掌握了总理吃饭的规律，他们发现总理虽然平易近人，但在吃饭上性子相当急，再好的东西如果做着复杂他也不愿意吃，最好是一说吃马上就能入口才合他的心意，他爱吃炒的青菜，而且，喜欢有一点儿稀的。

陆师傅掌握了这个规律，总是准备好一点儿挂面之类的东西，同时弄好一个菜准备着炒，从来没有误过事。对于总理这个“性急”，他有自己的解释，因为总理的时间太宝贵了，他等不起。

和兄弟国家领导人的谈判显然十分艰苦，而且对方来的都是级别相当高的人物，副主席、副委员长之类的亲自上阵，可能是觉得这样表示自己的重视吧。中国当时这个级别的官员并不少，但有能力的多半倒了，王洪文这样的火箭干部，说大话气冲霄汉，干正经事就百无一用了，连陆师傅都说他们属于“鹰嘴鸭子爪，能吃不能拿”，中国不搞大国沙文主义，周总理总是尽可能地亲自来谈，也确实很多事情只有他才有办法。

这样一来，周总理吃饭就完全没规律了。

有一天，下午六点钟周总理从别的会场赶来，越南人已经在恭候了，马拉松的谈判就此开始。

陆师傅本来给总理准备了点汤面，因为越南人已经在等着，总理没有吃就进会场了。陆师傅当时倒也不太着急，心想等着休会的时候再说吧。他准备了一个蒜薹炒肉片，随时准备往上送，这个菜有荤有素的，总理喜欢吃蒜薹。

但是这一“会”就开到了半夜十二点，陆师傅有些着急，不断抱怨这越南人给人出难题，有开会长的，哪有一开六个钟头的？怎么也该休息一下吧。他知道周恩来的习惯，周恩来一般下午一两点钟吃“早餐”，到这时候已经十个钟头没吃东西了。

一看会议休止，陆师傅马上去问是不是可以给总理送点儿东西吃。秘书回来说不行啊，有首长的电话找总理。他问总理要不要吃点儿东西，总理摆摆手，就拿了两块大椰子糖剥了吃。

这时候越南人就在餐厅吃饭，很热闹，对口味也很喜欢，还让人感谢陆师傅他们。等他们吃完，周恩来那里的电话也刚放下。会谈继续进行。

秘书也着急，但是的确插不进去，陆师傅真急了，当厨子的明白，人是铁饭是钢吗。当然他也明白总理这时候不可能把外国友人甩了自己出来吃饭，他想了想，只好又准备了一个菜，他想总理开完会，多吃一点儿吧。

还好，这个会到凌晨三点来钟总算结束了。

秘书就去问总理要不要吃饭。这次的马拉松尽管长，看来效果还是好的，总理好像心情不错，说哎呀真的饿了，叫小陆给弄个菜来吧。

秘书已经和陆师傅说好了，马上说总理今天后面没有活动了，加个菜怎么样？说着把菜单递过去，陆师傅说这是普通客人用的菜单，周恩来点菜都是用和普通客人一样的菜单。总理不接菜单说，好啊，不要来复杂的，就来个——焦熘头尾。

陆师傅准备的也正是一道焦熘头尾，他估摸着总理该点这道菜，八九不离十，果然！

陆师傅知道周恩来的习惯，他除了爱吃青菜，还爱吃鱼，但是他又最反对浪费，所以点第二个菜，很可能就会点味道好而用料不多的焦熘头尾了。他早准备下的也正是这道菜。

焦熘头尾，并不是一道名贵的菜，大概朋友们都有品尝的经历。比较讲究的用鲤鱼的头尾，家常的就是胖头鱼，陆师傅做的焦熘头尾的确好吃，炸酥的鱼头鱼尾浇上红橙色的芡汁，酸甜适口。不过我个人还是更欣赏他做的松鼠鱼，毕竟鱼头鱼尾巴没有太多可吃的东西嘛。然而，我们萨家每次请客，这道菜总是少不了。那就不是陆师傅的手艺了，而是科学院数学所食堂的大锅菜。我父亲不大做菜，我们家就在数学所的后面，到中午饭点如果客人还没有走，我父亲就会到数学所食堂买两个菜来，他的朋友多半是搞研究的，不讲究、不挑剔，有肉丝炒洋白菜就可以对付。而只要食堂有，我父亲就会买一个焦熘头尾回来，还会很殷勤地劝客人多吃一点，然后补上一句：——这个是总理爱吃的菜啊。

我父亲怎么知道总理爱吃焦熘头尾呢？

原来，上世纪60年代前期周总理曾到科学院数学所视察，讲话完了，就在数学所食堂吃饭。总理吃饭从来不讲排场，在数学所总理更随便，拿个饭盆就跟着排队打饭！

陆师傅说你爸爸说得没错，周总理喜欢和大家一起吃饭，你说他平易近人可以，我看还有一个理由，总理喜欢热闹。

现在公司过年，老总也有下来和大伙儿一桌吃饭的，我的看法是这时候大伙儿往往更觉得别扭，想与“民”同乐的，往往是自己也乐不了，“民”更乐不起来。可我父亲回忆总理和科技人员一起排队打饭，大家只觉得高兴快乐，气氛热烈，却没有拘束的感觉，这可能就是个人魅力的不同了。世界上有多少个老总？周恩来，可只有一个。

说不激动是假的，最激动的就是总理身后排的那个白面书生——那就是我父亲。

总理对这种场面好像挺习惯，他一边数着排队的人，一边和周围的人聊天，还问我父亲哪个菜好吃。哪个菜好吃？我父亲背圆周率到一百位一口气便能背下来，对这个问题愣是反应不过来了。他答非所问地说：“总理，六零年您接见过我。”

总理好奇地看看我父亲，科学院像他这样戴个眼镜的太多了——总理忽然若有所悟：——记起来了，你，是北大的，手特别长能打篮球的那个？

这样一说周围的人都好奇起来：总理，你怎么知道他会打篮球啊？我父亲个子不高，他会打篮球好多同事都不知道。总理笑了，说：我记得他，六零年我和陈老总接见过他们，他的姓比较怪，所以我就记住了。小伙子干得怎么样？

周围的人都点头，说不坏不坏。我父亲的脸就红得一塌糊涂了——那是幸福的。上世纪60年代北大、清华每次学生毕业，周恩来都亲自接见，我父亲当时因为姓比较怪，弄得总理好奇，多问了他几句，居然过了好几年还记得！

这时候就排到了，总理迷细起眼睛看菜谱，问我父亲："焦熘头尾怎么样，做得好吃吗？"我父亲说："好吃，就是骨头多，没肉。"总理大笑，他说："我爱吃这个，就来一个焦熘头尾吧。你，也来一个？"

我父亲就也要了一个焦熘头尾。

这是我父亲一生不可磨灭的记忆。

我曾经问过他，我说爸你是不是对周总理有点儿个人崇拜呀？

我父亲当时表情比较尴尬，不知道该怎么回答。我赶紧补上一句——其实，我也有一点儿。

话说陆师傅就把蒜薹炒好，让秘书端了去，自己忙着做焦熘头尾，材料准备的好，所以做起来很快，五六分钟就做得了。

这时候已经是后半夜，值班的人少，陆师傅就自己端着菜，直奔总理的休息室了。

贵宾楼进门左边有个小厅，里面用屏风隔开，外面有一部电话，里面有一个回转的沙发，就是总理的休息室。陆师傅进去，就看见了一个他没想到的场面：只见周恩来坐在沙发上，面前的茶几上摆着菜盘，一盘肉片炒蒜薹已经吃没了，总理一手按着份文件在看，另一只手拿着一块掰下来的馒头，在蘸着盘子里残剩的蒜薹汤汁来吃。

那不是我手艺好，我当了这么多年的厨子我还不知道，总理那是……那是真饿的呀！我忽然想起，总理当时已经是七十多岁的老人了。

总理看见陆师傅，手没有离开文件，点点头示意他把那盘焦熘头尾放在茶几上。陆师傅放下菜，就快步地走出去了。

陆师傅向我说了一段令人难忘的话："我这个人不容易动感情，那一次可真是不行了，我躲到灶间没人的地方，大哭了一场。总理多帅的人，五分钟都等不及，拿馒头蘸菜汤吃，饿坏了。那么大的中国，怎么就总理一个人扛着呢？看着他那样我真想帮他一把，可我能帮他什么呢？我一个厨子……"

听到这里，我也有些难以自控。自此和陆师傅交了朋友。

我把这个故事写出来，因为它也许不是这些故事中最传奇的，但却是最真实和让我心中难以割舍的部分。

专访：爱新觉罗·韫欢讲述周总理对他们一家的恩情

# 一位特殊的成员——记周总理与北京人艺

梁秉堃
北京人民艺术剧院著名编剧

周恩来是一位北京人艺群英谱中特殊的成员，是很值得写上一笔的。

周恩来，作为北京人艺的奠基人、创业者和良师益友，是他提议建立的“全国专业话剧院”，是他推荐的曹禺作为院长，是他批准建设的首都剧场，……他对北京人艺的关怀、支持、帮助、保护，是多方面的、全方位的，从方针政策到剧目建设；从艺术质量到人才培养；从物质条件到群众生活。可以说，认真负责，尽心尽力，兢兢业业，无微不至。今天，他的音容笑貌仿佛又出现在我面前，我顿时激情澎湃，感慨万千，忍不住地再一次用文字把那一桩桩故事记录在这里，展现出来，传播出去，为了永远不能忘却的怀念。

## 金秋的夜晚

1959 年秋天的一个夜晚，东城区史家胡同 56 号北京人艺的宿舍大院里，在那棵根深叶茂的核桃树下，停放着一辆黑色的吉斯牌轿车。剧院的员工，甚至包括家属和孩子们一看便知，这是周恩来来了。

在宿舍楼东侧二层老演员舒绣文的家里，舒绣文正在和青年演员刘华聊天。突然，房门被打开了，周恩来微笑着走了进来。舒绣文和刘华一下子惊喜地呆住了。

周恩来看着他们有些可笑的样子，亲切地说："绣文，那天在晚会上我向夏淳问起你，听说你的心脏不大好，所以来看看。"舒绣文连忙感动地点头，请周恩来快些坐下。

周恩来在沙发上坐下以后，详细地了解舒绣文的病情，并询问在哪里就诊，谁是医生，吃什么药，饮食怎样，然后嘱咐她"一定要多多保重，不能忽视"。

这时，周恩来来访的消息已经传开了。剧院员工陆陆续续地走进这里，他们有的是周恩来点名邀请的，有的是自己主动来的，不大会儿的工夫，便把那间 20 平方米的房子挤得满满的。

在周恩来面前，大家无拘无束，谈笑风生，如同在接待一位最尊敬的长者和最亲密的朋友。话题是十分广泛而有趣的，大到如何演好戏，小到如何带孩子，无所不包。

在谈兴正浓的时候，周恩来突然抱起双臂，笑盈盈地提出了一个很有意思的问题来考考大家，特别是考考在场的那些精通家务的女士们。这就是——如何烧好江南的名菜"狮子头"？

人们一下子怔住了，你看看我，我看看你，还真一时回答不上来。

舒绣文、刘华、吕恩、杨薇等，只能边想边说凑着给出答案来。“瘦肉末加上葱和姜。”“还要放上味精和淀粉。”“不要忘了放一点儿盐。” “千万不能放酱油。” “应该再放点儿料酒。”……

这时，作为“考官”的周恩来，认真听着，不时地扬扬头问上一句：“哪一位能说出来，除此以外还要再放些什么啊?”此刻，大家变得不吭声了，都在皱着眉头琢磨着。

舒绣文突然高兴地一拍手：“还要放一点儿鲜笋丁!”大家表示赞同，纷纷应声称是。

周恩来转过头来继续问：“为什么呢?”舒绣文停了一下回答：“这样吃着显得更嫩一点儿!”大家鼓起掌来支持。

周恩来听了以后，不以为然地摆摆手说：“还不对。哪一位还有高见?”大家又不吭声了，想了半天也没有说话。

周恩来环视着大家，然后伸出一个手指，轻声地说：“我来讲。大概应该放一些荸荠丁，不但可以更嫩一些，还可以更鲜一些。”这时，房子里响起了热烈的掌声和会心的笑声。

周恩来也笑了，仿佛比别人笑得更加欢畅些。

那个愉快的秋夜里，周恩来和大家谈得很舒畅，很尽兴，很满足。

其间，周恩来还让刘华把她两周岁的儿子杨烨赶快抱来给他看看。我们都知道，他是很喜欢孩子的。小杨烨来了，叫了一声“周爷爷”以后，周恩来就亲切地把孩子抱在自己的怀里逗趣。顽皮的小杨烨在谈话的过程中，一直在周恩来的身上爬上爬下，一会儿摸摸老人的脸，一会儿又摸摸老人的皮鞋。突然，小杨烨出神地看着周恩来的下巴，一动也不动。周恩来笑着问：“怎么了？不认识周爷爷了吗?”小杨烨忙解释：“周爷爷，我爷爷有胡子，你怎么没有胡子啊？”周恩来摸着自己的脸回答：“周爷爷天天刮胡子，要是不刮，那就比你爷爷的胡子还要长呐！”大家听了又是一阵大笑。刘华看着心里十分不安，急忙要把小杨烨抱过去。周恩来却挥挥手说：“让孩子和我玩玩吗！”说完又是一阵爽朗的笑声，并把孩子紧紧地抱在怀里。这时，小杨烨和周恩来玩得更加起劲儿了。

……

## 难以忘记的握手

我这里再说说和周恩来的握手，那是一种让你终生难以忘记的经历。

每次见到周恩来，无论是在舞台上、在后台里、在休息室、在排练场、在会议室、在宴会厅、在宿舍、在食堂、在街头……他都要极为主动地、热情满怀地、真心实意地与我们每一个人握手，也不知道前前后后握过了多少次。没有人计算过，好像是永远也握不够。

几乎在每一次周恩来到来之前，剧院的领导都会认真嘱咐大家：“总理在长征当中，骑马摔伤了胳臂，握手的时候，我们千万不能用力，要轻点儿，再轻点儿。”对此，我们也都会纷纷点头表示注意。然而，到了握手的片刻，我们倒是小心翼翼了，周恩来却是满脸带笑地、兴奋地、用力地用手上下摆动好多次。凡是遇到这种情况，真是让人又高兴、又心疼，就像是自己做错了什么事。

在与周恩来握手当中，还有一个现象很值得提到，那就是他总要从离他最远的人握起。如果握不到，他就走到跟前去一一握手，从不怕麻烦，从不怕辛苦。据秘书说："总理认为站得最远的人，也是最担心握不到手的人，应该尽量不要让他们失望。" 1957 年 5 月 12 日的深夜，周恩来看完戏以后就陪着我们演职员，从首都剧场一直步行回到史家胡同宿舍大院。途中在灯市东口，遇到了一位正在清扫马路的女清洁工，当周恩来感觉到对方已经看见了自己，便马上走过去，主动地拉起了她的双手，紧紧地握着说："同志，辛苦了。感谢你呀，人民感谢你!"

更让人能牢牢记住的是周恩来的握手方式——在一般的情况下，不管你是干部还是群众，他都是首先伸出手来拉住你的手，然后用那双明亮的大眼睛专注地对准你的眼睛，凝视片刻以后，再握紧你的手并用力地上下摆动，最后才会缓缓放开。对于这种平等的、真挚的握手，有的人说："这不仅仅是身体的接触，更是心灵的沟通、交流和补偿，能够让人感到一种精神上的满足和享受。"这与那种"老爷式"的握手，即漫不经心地拉拉你的手，连看你一眼也不肯看，甚至一边和别人说着话，一边冷冷地松开你的手相比较，真是有天壤之差别了。

显然，与周恩来握手是一种充满感情的行为。且莫小看，这一个"情"字可了得！眼下，不是提倡"以人为本"和"贴近群众"吗？那就从平等的、真挚的握手开始吧。

## 看戏让座的故事

也许，在剧场里看戏让座是经常发生的事情。这里说的周恩来与让座有关的故事，却显得很独特、很新鲜、很深刻，是可以耐人寻味的。

上个世纪50年代末和60年代初，周恩来非常喜欢看戏，特别是喜欢看北京人艺的戏。然而，他日理万机，工作的忙碌是可以想见的。于是，他经常是要等到下午工作结束以后，才能问问秘书晚上有没有日程安排，如果没有那就可以去首都剧场看戏了。显然，周恩来是把看戏，当作了一种很好的休息。正是由于这种特殊的情况，首都剧场的杨全久经理每天演出之前，都要留下几张保留票以备不时之需，一直等到演出以后半个小时方可另行处理。这天就是在演出以后半个小时，已经把保留票售出去了。保留票刚刚售出，观众也已经进场入座了，突然接到电话——周恩来要来看戏，希望剧场协助安排好座位。杨经理看了看手表，这一切必须在十分钟之内安排妥当。怎么办呢？杨经理急得满头大汗，真不知道如何是好。在万般无奈的情况下，杨经理只好把楼下前部第7排中间几个座位的熟观众，用好言好语给请到边上的座位上去了。换好座位以后不久，周恩来也已经到了剧场。二话没说，悄悄地被带到第7排座位上就座。这时候，杨经理才顾得上用手绢擦擦头上的汗。

等到中间演出休息的时候，周恩来来到小休息室。突然，周恩来把茶杯放下，问道："我坐的座位上原来是不是有人呢？"杨经理没有办法，只好说出了实情。周恩来想了想有些激动地说："胡闹！世界上根本没有这样的道理，人家是先来的，我这个后来的反而要把人家赶走。不能这样，一定不能这样。杨经理，休息以后你要把人家请回到原来的座位上去，而且要向人家赔礼道歉。"然后，他停了一下又交代："你们剧场里不是还有一个导演间吗？我就坐在导演间里看戏好了。”杨经理看到这种情况，只能答应照办。

休息以后，几个熟观众回到了原来的位子上，周恩来坐到了观众席的最后方，又远又看不大清楚、听不见台词的导演间里。从此以后，似乎有了一个不成文的规矩——周恩来只要是来得迟到了，就坚决要求到导演间里去看戏，不能有其他的特殊安排。

周恩来到导演间去看戏，还发生了这样一个小故事。一次，演出开始以后，周恩来来到这里，房间里没有灯，很暗，只能摸索着坐在椅子上。他顺手拿起桌子上的专用望远镜，看着舞台上的戏。突然，一位志愿军文工团到剧院学习的导演走进来，径直坐在了周恩来的身边。这位导演是个近视眼，忙对周恩来说：“劳驾，让我看看。”于是，周恩来便把望远镜递了过去。导演一直用望远镜看戏，等到幕间换景时灯光亮起来，他才发现身旁坐着的竟然是周恩来，便很不好意思地大叫一声：“啊！总理原来是您呀？……还抢了望远镜！”周恩来立即大笑着，拍拍导演的肩膀说：“小同志，我们一起看得很好吗！……没有关系，我的眼睛要比你好一些吗！”说到这里，导演也不好意思地笑了起来。

## 合影的位置

周恩来每逢看过戏以后，总要和演职员们一起合影，一是表示感谢；二是留个纪念。然而，他并不是总按照我们的固定安排，像众星捧月一样坐在大家的正中间，而是尽可能地、千方百计地在合影时淡化自己，融入群众当中。

在看过《明朗的天》以后，周恩来一下子发现了在合影时，专门为他准备的单人沙发已经放在中间，就马上提出反对说："现在不是'反对个人突出'吗？为什么这样突出我呢？还是让我和大家站在一起吧！"于是，我们撤掉单人沙发，让周恩来和大家挤在一起拍照了。如果不认真寻找的话，是不容易找到他到底站在哪里的。

看过《枯木逢春》以后，刚好那天是"三八"妇女节。周恩来在合影时立即提议："今天是妇女节，请女同志坐在前面，男同志都站在后面好不好？"他说着带头来到了后排，与男士站在一起。于是，我们也只好按照他说的做了。事后，很多人根本就没有发现照片里还有周恩来。

在看《武则天》时，剧作者郭沫若也陪同观看。演出结束时就在话剧布景里合影。周恩来连连摆手，说什么也不肯坐在正中间桌子的后面，而是坚持要郭沫若坐在那里，自己站在编剧旁边说："我今天来看戏，只是表示祝贺和感谢吗！"

在看过苏联名剧《带枪的人》以后，周恩来又主动提出，不要在斯莫尔尼宫的门前多层台阶上合影，而是与众多红军战士一起，听着列宁、斯大林的讲话合影。他说："我是他们的学生，怎么能与他们平站在一起呢？"于是，周恩来站在左边的一个角落里，面带微笑，眼睛望着正在讲话的列宁拍照了。

领导人看过戏以后，为了表示感谢与演职员们合影留念是一件很普通的事情。然而，周恩来却做得这样不普通，令人久久难以忘怀，甚至在剧院里一直传为佳话。也许，这就是他伟大的人格魅力之所在。每一个人（包括领导人）在生活中的位置，实际上是客观存在的，不可改变的，只有自己用一贯的言行把它摆准了、摆对了、摆好了，你才能在群众心里成为永恒。

## “恩来同志批评我台词不清”

1961 年的夏天，剧院正在演出《雷雨》。几十年来一直支持曹禺这个代表作的周恩来，再一次来看戏。6 月 6 日，第一次来看戏，由于有要事中途退场；6 月 8 日，第二次又来看戏。为什么会如此呢？这里边有一个故事。新中国成立以后，优秀经典剧目《雷雨》是由北京人艺首演的，演员也全部换上了全新的阵容——郑榕扮演周朴园；朱琳扮演鲁侍萍；吕恩扮演蘩漪；于是之扮演周萍；胡宗温扮演四风；董行佶扮演周冲；李翔扮演鲁大海；沈默扮演鲁贵。周恩来第二次看戏的时候，休息当中，导演夏淳匆忙跑到后台来，告诉于是之：“多注意，总理对你的台词不满意，声音太小。”演出结束以后，文化部副部长夏衍先来到后台，也对于是之说：“你要准备接受总理的批评。”接下来，周恩来就来到了小休息室。大家落座以后，于是之心里很是紧张。然而，出乎意料的是，周恩来没有一开口就批评于是之，而是首先谈到了当时“大跃进”中的一些过火失当行为，劳逸结合注意不要挫伤了群众的积极性。他说：“你们都是善于演戏的了，都有一定的基本功训练，可以把戏演得很好，这次演出是因为赶任务而影响了戏的质量吗！一图快，就往往不容易把人物刻画得深刻。我总觉得应该在质量上好好研究一下，别只为了赶任务而降低了质量。”

最后，周恩来才把话题转到了于是之身上。他说：“你的台词读的声音太轻，使观众听不清，不好。”同时，又很快扩展开来说：“一个演员在台上要做到‘目中无人，心中有人’。眼睛不要看观众，但是心里要有观众。眼睛老看着观众就忘了戏里的环境和人物关系，但是只顾自己的‘真实’，心里忘了观众，声音小得叫人听不见，也就没有了群众观点。”事后，于是之又从剧场杨经理那里了解到如下的一些情况——周恩来第一次看戏的时候，已经感到于是之的台词不清，杨经理说：“总理，可能是你坐到7排座位声音效果不大好。”周恩来第二次来看戏，问杨经理什么位置声音好一些？得到的回答是：第10排左右。于是，周恩来执意要坐在第11排的座位上，谁也劝不动他。他在那里听了第二幕，但自己仍然听不大清楚，竟然又问身旁的观众：“你听得清于是之的台词吗？”结果还是得到了否定的回答。周恩来对曹禺老院长说：“我是爱你们心切，所以要求苛刻一些！”

正是为了这件事，于是之后来激动不已地说：“为什么周恩来同志逝世的公报发出以后，剧院里的人们会哭成那样？为什么在那种恐怖的压力下，剧院一定要开追悼会？为什么当年清明节大家都去了天安门而谁也没有告发谁？人心！人心的力量是无比强大的！”

## 看《潘金莲》以后

1961年4月27日和28日，周恩来两次来到首都剧场，观看欧阳予倩早年写出的作品《潘金莲》。并且在28日演出以后，还专门召开了座谈会。他邀请了剧作者、导演、演员、剧院领导人、戏曲界名家，以及文化部领导人来参加。

周恩来开门见山地说："今天座谈会的主题，就是如何看待《潘金莲》这出戏，如何理解潘金莲这样一个人物。"接下来，他首先点名启发大家发言——

"方瑄德，你是导演，先说说吗。"

方瑄德说："潘金莲把武大郎杀死这一点很难解释，为了自己解放杀死丈夫，这总不是好事，很难让观众同情。"

周恩来又请潘金莲的扮演者狄辛发言。

狄辛说："潘金莲的所作所为是针对当时社会制度的反击，只是没有选择正确的道路，杀死一个无辜者求得个人解放是不对的。"

周恩来对武松的扮演者田冲说："你这个英雄人物，有什么看法？"

田冲说："剧本是30多年以前写的，当时作者是企图表现妇女反抗封建压迫的思想，可是今天再看这个戏觉得有不足之处。"

周恩来启发金雅琴说："你这个王婆，穿针引线都是你一手包下来的，又是怎么个看法呢？"

金雅琴说："我演的是个坏人，完全可以肯定。可是潘金莲害死丈夫是不好的。"

周恩来说："焦先生，你是总导演，有怎样的看法呢？"

焦菊隐说："这个戏究竟应该肯定谁？是武松还是潘金莲？始终找不到答案。"

夏淳导演说："写这个戏是出自反封建的愿望，可是戏里提出的问题，选择的题材完成不了这个任务。"

周恩来点点头。

谭富英说："戏里提出的问题不好解决。"

小白玉霜说："过去我演评剧《潘金莲》，有一个明场交代出潘金莲是被迫杀死丈夫的……”

舒绣文说：“武松杀嫂不能歌颂，潘金莲杀夫也不能被人同情！她杀的是一个老实农民武大郎，如果杀的是张大户、西门庆这样的人，那就值得我们同情了。”

周恩来说：“《名优之死》里的教师爷请讲。”

于是之说：“我看只要把张大户对潘金莲的压迫再写得充分一点儿，这个戏还是可以演的。”

欧阳山尊说：“现在看这个戏，觉得有些单纯性格美的味道。”

周恩来说：“我们请欧阳老谈谈吧。”

欧阳予倩点点头说：“1924 年写戏的时候，我看到许多妇女受压迫，心中很悲愤，于是想写一出戏借以揭露当时的黑暗。我是唱花旦的，这才写了潘金莲。我自己演这个角色，周信芳演武松。那时候演戏不像今天，连台词都是一边演一边丰富补充的。演出中，我同情潘金莲；周信芳同情武松，就把他处理成英雄。我们各演各的戏，没有想到主题思想的问题。现在有必要重新考虑这个戏的主题思想问题。这个戏究竟要说明什么？影响观众的又是什么？”

周恩来停了一下说：“欧阳老说到当时写这个戏和演这个戏的思想活动，我是完全理解那种心情的。可是这个戏今天重新上演，就要考虑到对一些青年人的影响问题。潘金莲不是一个反封建的典型。张大户压迫潘金莲，她反抗是好的，值得同情。可是后来她变了，她杀了人，而这个人又是个劳动人民，是一个老实的农民。潘金莲和西门庆的私通行为是走向堕落，这种行为就没办法让我们同情了。如果潘金莲为了求解放，出走了或者自杀了，当然会使人同情。劳动人民总是把同情放在被压迫的妇女方面。我想，祝英台、白娘子这些人物，都没有杀人，没有堕落；茶花女也没有因为求得个人解放而危害别人；陈白露也没有杀人吗，她救了‘小东西’，最后自己牺牲了，所以我们同情她。”

大家纷纷点头赞同。

周恩来看了看欧阳老继续说：“欧阳老是共产党员，所以我们对他的作品就要求得严格。尽管《潘金莲》是1924年大革命时期写出来的作品，但我们必须用今天的眼光重新认识一下。为了贯彻好‘百花齐放，百家争鸣’的方针，要使每一朵花开放得更好，就必须对于存在着的矛盾予以解决，所以今天才邀请大家来谈谈《潘金莲》。”他又热情诚挚地拍拍欧阳予倩的手说：“作为我这个后来者，见到剧中存在的问题，觉得还是应该向你提出来的。今天你说得很诚恳，我非常钦佩。你的年纪大了，身体又不大好，一定要多多保重。”

就这样，一个问题严肃的、带有原则性的戏剧创作座谈会，在推心置腹、亲切温暖的气氛中，很有收获地结束了。

座谈会后，剧院决定停演《潘金莲》。

而周恩来又立即让秘书传来指示——这个戏的停演情况不必见报。同时，让秘书亲自登门去看望欧阳予倩，请他多加保重身体。

## 《茶馆》的停演和重启

1958年老舍的新作《茶馆》正式在首都剧场演出了，而且受到戏剧界同行和广大观众的热烈欢迎，剧场售票处出现了

“一票难求”的红火场面。

然而，就是在这种情况下，中央文化部的一位领导人来到剧院，召开党组会议，并且严厉批评北京人艺领导的右倾指导思想，在组织创作和演出当中，“不是政治挂帅而是专家挂帅”。实际上，就是指责《茶馆》是“恋旧”的作品，是为刚刚进行了社会主义改造的民族资产阶级“大唱挽歌”。为此，《茶馆》在连续上演59场，而且场场客满的情况下，被强令停演打入了“冷宫”。

周恩来大约是听到了什么关于《茶馆》停演的信息，所以在1958年9月12日来到首都剧场看《红旗飘飘》的时候，突然谈到的却是《茶馆》。周恩来有意地问身边的于是之说：“《茶馆》为什么不演了?”于是之一愣，没敢说出其中的缘由。周恩来又说：“请你转告党委书记，《茶馆》这个戏改一改还是可以演的吗!”

后来，到了1963年的春天，剧院又趁着“新侨会议”和“广州创作座谈会”的“小阳春”气候，同时也是冒着一些风险，重新恢复上演了《茶馆》。

1963年7月7日，这是一个很特殊的日子。那天下午，周恩来在马上就要登机外出工作的紧迫情况下，匆匆忙忙来到首都剧场，看了日场的《茶馆》。看完戏以后，由于时间紧迫，只是向焦菊隐和党委书记赵起扬说：“《茶馆》这个戏没问题，是一出好戏。……如果有点意见的话，只是第一幕发生的时间是不是往后放一点儿，现在写的是戊戌政变，放在辛亥革命前夕就更好了。……不过，这个意见不要向下传达，以免说不清楚耽误事情。……等我以后要亲自和老舍先生商量。”

这次，周恩来在百忙当中，极力抢出时间观看《茶馆》的演出，这本身就是对于“大写十三年”（即当时由柯庆施提出的——不要天上的，不要地下的，只有写新中国成立以后十三年的作品，才能算是社会主义文艺）理论的根本否定，也是对北京人艺创作勇气的“撑腰”，更是对整个国家文艺事业所行道路的“导航”。如果不是周恩来及时有力地“出手”挽救，广大观众就根本无法欣赏到，直到今天依然享誉遐迩的优秀经典剧目《茶馆》了。

## 周总理多次讲到曹禺

1962 年 2 月 17 日，周恩来在中南海紫光阁，召集了在京的话剧、歌剧、儿童剧作家开座谈会，这个会是曹禺终生难以忘怀的。

会上，周恩来曾经多次讲到了曹禺和他的创作。

周恩来说：“戏剧创作上，这几年树立了许多新的偶像，新的迷信，框框很多。（这里，毫不留情地一语点破时弊，实在令人兴奋，也令人感动！——引者注）比如，写一个党委书记，只能这样写，不能那样写，要他代表所有的党委书记。这样就千篇一律，概念化了。这样就一个阶级只能有一个典型，别的典型不能出现，反面人物也只能有一个典型。这样当批评家就很容易了，同时党委领导文艺也太容易了，只要订出几十条就行了。京戏是程式化的，还有不少‘型’，黑头中张飞就不同于李逵，武生中武松就不同于十三郎。今天舞台上的这些人物和过去又有不同，因为是经过革新的形象。新的迷信把我们的思想束缚起来了，于是作家们不敢写了，帽子很多，写得很少，但求无过，不求有功。（进一步讲清了时弊的种种表现和严重危害。——引者注）”

周恩来首先一针见血地指出了文学创作中存在着“新迷信”的问题，并且认为这是繁荣创作的最大障碍之所在。

这个讲话是很值得深思的，周恩来适时地、恰当地、准确地采用了“新迷信”这个词，说明“某种束缚”在客观上是一种错误的“迷信”，在主观上是大家不应该接受的“迷信”。他身为党和国家领导人，既承认了现实中确实存在着“某种束缚”和“新的偶像”，又告诫作家们不能盲目地予以接受。在当时的条件下，能说出这种冒有政治风险的话来是令人震撼和佩服的。

我们回忆一下那时周恩来讲话的大背景，大约是这样的：20 世纪 60 年代初国家面临着三年经济困难时期，党和国家一些领导人，有意无意地、自觉不自觉地反思着新中国成立以来的历史教训，同时，重视和调整了对于知识分子的政策，以及对于文艺工作的各种政策。正如有人所言——那时“广阔的大地上，出现了一片难能可贵的‘小阳春’景象。”

周恩来接下来直截了当地提到了曹禺的名字。

“曹禺同志是个有勇气的作家，是个有信心的作家，大家很尊重他。但他写《胆剑篇》也很苦恼。他入了党，应该更大胆，但反而更胆小了。（指出了曹禺入党以后产生的相悖现象，非常之尖锐，也非常之深刻。——引者注）谦虚是好事，但胆子变小了不好。入了党应该对他有好处，要求严格一些，但写作上好像反而有了束缚。把一个具体作家作为例子讲一下有好处。所以举曹禺同志为例，因为他是党员，又因为他是我的老同学、老朋友，对他要求严格一些，说重了他也不怪我。过去和曹禺同志在重庆谈问题的时候，他拘束少，现在好像拘束多了。生怕这个错，那个错，没有主见，没有把握。这样就写不出好东西来。成见是不好的，意见要从实际出发，否则是谬见，是主观主义，但要有主见，现在主见少了。（把带有相当普遍性的、作家头脑中的思想顾虑坦诚地讲出来了。——引者注）《明朗的天》好像还活泼些。有人说它不深刻，但这是新中国成立后不久写的，写在1953年。这个戏把帝国主义办医学院的反面东西揭露出来了，我看过几次，每次都受感动。《胆剑篇》有它的好处，主要方面是成功的，但我没有那样感动。作者好像受了某种束缚，是新的迷信造成的。"

这里，周恩来表面上批评了曹禺，实际上是以他为实例，更有力、更尖锐、更深刻地剖析了具有普遍意义的、危害极大的文学创作上的"新的迷信"。

周恩来继续极有人情味地嘱咐说："曹禺同志，今天我讲了你，你身体也不好，不要紧张。"

周恩来充分地表现出对曹禺和所有作家们（特别是老作家）的关心、爱护和尊重，起到了很好的、积极的作用。

曹禺在多少年以后，依然这样激情地回忆道——

"总理对我的批评，我听了心中热乎乎的，我毫无紧张之感，觉得如释重负。我的确变得胆小了、谨慎了。不是我没有主见，是判断不清楚。那时，我倒没有挨过整，可是讲的那些头头是道的大道理，好像都对似的。现在，懂得那是'左'倾思潮，但当时却看不清楚。在创作中也感到苦恼，周围好像有一面见不到的墙，说不定又碰到什么。总理是说到我，但他是希望作家把沉重的包袱放下来，从‘新的迷信’中解放出来。起码我个人是受到鼓舞和激励的。”

与这次紫光阁会议相隔仅仅一个月的时间，又在广州召开了全国话剧、歌剧、儿童剧创作座谈会。

周恩来在这个会上继续着重地说：“现在‘白专道路’这个口号很流行，这个口号大概不是我们提的。一个人只要在社会主义土壤上专心致志为社会主义服务，虽然政治上学得少，不能算是‘白’。只有打起白旗，反对社会主义，才是‘白’。”

曹禺在广州会议上进一步受到鼓舞和激励。他真诚而有勇气地说：“解放后，我和许多知识分子一样，是努力工作的。虽说组织上入了党，但是，‘资产阶级知识分子’的帽子，实际上也是背着的。这实在叫人抬不起头来，透不过气来。这个帽子压得人怎么能畅所欲言地为社会主义而创作呢？那时，也是心有顾虑啊！不只是我，许多同志都是这样，生怕弄不好，就成为‘反党反社会主义的毒草’。广州会议，一下子把人们的思想解放了，把帽子脱掉了，建国以后十三年，那种隐隐约约、时隐时现的怪影，终于在心头消失了，怎么能不让人由衷地感谢党呢？怎么能不令人愉快呢？”这，就是名噪一时，影响很大的为全国知识分子“脱帽加冕”的重要会议。

同时，曹禺在会上还说出了在心中埋藏了许久的创作命题：“我以为，必须真知道了，才可以写；必须深有所感，才可以写。要真知道，要深有所感，却必须花很大的劳动。我写过一点东西，常写不好。写不好，可以列举很多原因，但主要的还是因为自己不真知道，不深有所感。”

应当说，曹禺这些掏心窝子的话，正是在周恩来的号召之下、推动之下、鼓励之下才敢于拿到桌面上来，开诚布公地去针砭时弊的。

## 普通观众的感言

可以这样说，北京人艺所演出的新排剧目——不论是历史的、现实的；不论是原有的、新作的；不论是中国的、外国的——周恩来总要于百忙当中抽暇来看戏的。

周恩来虽然工作很忙，但是每次看戏以后，都坚持要到舞台上来，向全体演职员表示衷心地感谢。这种做法几乎是无一例外。他常常是站在舞台上或坐在小休息室里，谈出自己具体的看戏印象。最后，还要和大家一起拍张照片留作纪念。所以，每当一出戏大幕徐徐落下，掌声响起来的时候，我们便会不约而同地以期盼的目光向南边副台望去。用不了多大工夫，周恩来便会从小休息室的门里走出来。他常常身穿一套深灰色的中山装，右手横放在胸前，两眼炯炯有神，面带微笑地步上舞台。这十几米的短路他走得很慢，因为要从见到的第一个人开始，不论是演员、导演，也不论是舞台工作人员，他都要一一握手致意。最后，他便站在大家中间像老朋友促膝谈心一样，有问有答地说出自己的感受。

有一次，周恩来来看现代剧目《年轻的一代》。演出结束以后，他照例来到舞台中间，让我们围成一圈，请他坐也不坐，硬是站在那里兴致勃勃地谈了二三十分钟。自然，他谈了对演出的肯定意见，也有对演出的批评意见。如指出某个女演员的裤子过于短了不大好看。记得周恩来的话音刚刚落下，马上站在一旁的导演就立即表态："那好，我们一定按照总理的指示从明天演出起就进行修改，请总理放心！"于是，大家热烈地鼓起掌来，表示支持。万万没有想到的是，周恩来对于这一切没有表态，而且神情突然严肃起来。我们也停止了鼓掌，不知道发生了什么事情。

周恩来沉默了好一会儿才开了腔，声音很轻，但是语调是非常坚定的。他说："今天我谈的并不一定对。我看，艺术作品的好坏是要由群众来回答，而不是由一两个领导回答。今天谈的话如果是经过集体讨论的中央决定，我会告诉你们的，那是一定要执行的。至于我个人的意见，只能作为一个普通观众的观后感提供给你们作参考。"他说到这里，摇摇头，微笑了一下说："尽管我可能是一个比较好的观众，但毕竟也是个个人吗。"

我们一下子愣住了，仿佛没有反应过来。又过了好一会儿，大家才重新鼓起掌来，掌声更热烈、更持久。

周恩来却又郑重地摆摆手，表示不必要再鼓掌了。

掌声再一次停止，谁也没有吭声，似乎都在回味和咀嚼着周恩来那简洁而又分量很重的话。

最后，让我们以老演员苏民的一首题为《怀念》的诗，作为结束：

至大无外功勋在，
鞠躬尽瘁口碑中。
神采随史永不灭，
国人代代颂音容。

# 回忆周总理关心话剧《北京人》

王　显

北京人民艺术剧院著名演员

1957 年 3 月 15 日，《北京人》在北京剧场（现儿童剧院）正式演出。演出效果非常好，达到了曹禺先生的设想——“这个戏的演出，就是要让观众不断地产生笑声才对。”现在每场演

1957 年周总理到后台，看望演员们。

出，观众真的是笑声不断啊。报刊也出现了评论文章，都肯定演出是成功的。

一个极为振奋人心的消息传到后台：敬爱的周恩来总理来看我们的戏了！听说周总理是刚刚接见完外宾就来剧场了。这时好像演到第三幕了，大家高兴得无法形容。戏闭幕了，演员们都在化妆室正不知有什么安排，这时敬爱的周总理很高兴地来到化妆室和演员们见面，大家热烈鼓掌。周总理说：你们辛苦了！大家边鼓掌边七嘴八舌地说："不辛苦!""总理辛苦了!""总理好!"总理面带笑容主动和演员们一一握手，平易近人。所有在场的人激动万分，欢欣鼓舞。

总理问："你们团有多少人?"

夏之平团长答："剧团成立不久，有三十几个。我们主要业务是演广播剧。演出《北京人》是为了提高表演、导演的水平……"

总理说："人不多，演得不错，好剧团不在人多。"

总理对《北京人》非常熟悉，能说得出那些演员的名字。总理知道蔡骧是导演便问道："在重庆《北京人》第一次演出时的'活文清'江村你认识吗?"

蔡骧说："他是我同学，我喜欢他的戏；可惜他的《北京人》我没看过。"

总理又问："你看过他什么戏?"

蔡骧停顿了一下说："《放下你的鞭子》。"

总理点了一下头，仍然看着他。

蔡骧想了一下，才说："《奥赛罗》。"

总理说："能不能把第三幕愫芳和瑞贞那场戏，再演一遍看看?”

于是大家簇拥着总理又回到舞台上，愫芳和瑞贞立刻在总理面前重演了“天塌了”那场戏。总理就站在舞台角，观看了这场戏。

总理看后问：“台词中‘把好的送给别人，坏的留给自己’这句话，是不是新加的?”

蔡骧说：“原来就有。”

总理说：“那就好。作者对那个时代的人，理解很深。”还谈到封建制度的罪恶，还说：“这些人如果在今天还是有用的；愫芳可以去做保育员，文清可以到文史馆去鉴定字画，思懿很可能是街道的积极分子。公演这出戏，有教育意义。”大家都笑了。总理还高兴地对扮演袁园的余琳说：“不是有人说‘今不如昔’吗?让他们来看戏!”是啊是啊，我们不是只用了几年时

1957 年，周总理与《北京人》全体演职员合影。

间，就把那吃人的旧社会远远抛在后边，把它们变成了“远古时代”吗？时间不早了，总理亲切地招呼大家一起照相……

这时我激动地走到总理身旁，双手揽着总理的左臂，对总理说：“我想和您一起照相。”总理微笑着，点头说：好。就和我一起向舞台中央走。到了沙发处，曾皓请总理坐在他坐的单人沙发上。总理笑着说：“那是你坐的，我不能坐。”就坐在长沙发的中间，左边是我，右边是愫芳，于是就留下了这张我最最珍贵的照片。这张照片至今挂在我家客厅的中央。

1957 年《北京人》在北京、天津、哈尔滨、沈阳、长春、抚顺、大连等地共演出 115 场！

1962 年我团第二次演出《北京人》，共演出 40 场。在中国青年艺术剧院，敬爱的周总理再次来看我们的演出。

敬爱的周总理离我们远去了。但我每天不止一次两次地在照片上凝视这位慈祥的老人。

# 我们把周总理当作真正的父亲一样看待

清水正夫、松山树子
日本松山芭蕾舞团创始人

**松山树子：**

我第一次见到周总理是在1955年10月1日国庆节那天。当时还没有人民大会堂，是在北京饭店举行国庆庆典的。我是作为日本的代表出席的。宴会当中周总理突然提出有重大事情要发表。国内外记者非常吃惊，不知要发生什么事，都赶快聚集到周总理身边。于是周总理说我现在来介绍三位白毛女。这位是日本朋友松山树子，芭蕾舞里的白毛女，这位是歌剧里的白毛女王昆，还有这位是电影里的白毛女田华。国内外记者听了这话大家都很惊讶，大家都非常欣赏周总理的幽默，一起鼓起掌来。然后一同拍了纪念照，这张照片就是那时候照的。大家当时都还年轻，周总理也很年轻。这是一张非常有纪念意义的照片，是我们的宝物。已经是几十年前的事情了，当时周总理非常年轻，能喝很多酒。周总理每个桌子转，跟大家干杯，相当能喝酒。周总理亲切地询问了松山芭蕾舞团的情况，邀请我们，说下次带芭蕾舞团来中国吧。因此，我们1958年3月3日从日本出发去中国演出。松山芭蕾舞团在中国公演共十一次，而最初发出邀请的是周总理。当时日本的情况很糟，我们为去中国付出了艰苦的努力。要去中国既没有船，也没有飞机。只好借英国的船。乘英国的船到达天津旁边的塘沽，然后再乘车去北京。第一次辗转到北京用了很长时间。大概用了一个星期左右。这一次去了重庆、武汉、上海绕了一圈后才回国。

松山芭蕾舞团访华演出《白毛女》海报

我们去中国，大家对我们的恩情，特别是周总理为我们所做的一切，每一点每一滴都给我们留下了深刻的印象。正因为有周总理的支持，所以我现在还在坚持搞芭蕾。无论是在舞台上还是在后台，周总理总是对我们体贴入微，关怀备至。从各方面很用心地培养我们。感谢之意无以言表。像周总理那样的伟人是非常难得的。真希望大家都向他学习，继承他的遗志。我在日本也经常这样讲。周总理真的是各方面都很优秀，对任何人都充满了真诚的伟人，是我最尊敬的人。现在我仍然想向他表示谢意。我希望中国人民时刻都不要忘记这位伟大的领袖，并希望今后的领导人也能继承周总理的优秀传统。

1964 年离开北京的时候周总理和邓颖超送给我们一些非常漂亮、非常大的捐。当时日本几乎没有这么漂亮的绢。非常好的布料。回到日本后我用它做了各种各样的舞台服装。真的是非常珍贵的绢布料。这些东西对于我们来说都是宝贝。真想保留一辈子。

**清水正夫：**

1964 年我们第二次去中国。当时《东方红》是在首都剧场公演的。在后台我们送给周总理单和服，周总理马上穿上了，是带家徽的。当时陈毅他们都在，大家谈笑风生，非常愉快。当时在人民大会堂演出音乐舞蹈史诗《东方红》。周总理说让我们去看一看，所以我们就在没有演出的时候去看了。就是在那个时候像松山树子说的那样，大约有一万左右的观众看完都离开了以后，周总理一个人为我们介绍了所有的后台化妆室。刚才松山树子所说的那样的化妆室有很多间。服装都非常漂亮、整齐地叠放着。周总理一间一间地边给我们讲解边让我们看。这张节目单就是看《东方红》的时候我和松山树子请周总理给签的字。周总理在观众席上签的字。写字的时候是这个样子的，给我们写了清水样、松山样。所以这是周总理的亲笔字，是非常珍贵的纪念。

1964 年还有一件事。《祇园祭》刚开始是在首都剧场演出，后来改在人民大会堂演。当时的客人有阿富汗国王、皇后一行人，还有以马里共和国总统为首的一行人，然后是在北京的中央委员，有刘少奇、朱德先生等，以及北京市长彭真等。总负责人、总编导就是周总理。他为我们准备了非常棒的舞台，松山树子主演了这次演出。到中间休息的时候他请大家到外边另外一个房间里，毛主席对大家说，花多少时间都没关系，大家畅所欲言吧。就这样休息了很长时间，毛主席谈了很多话。这样细心的安排都是周总理指挥的。所以说周总理是导演、也是演出人，具有非凡的能力。也是在这个时候提到去小清水那儿留学吧这样的话题。毛主席仔细地询问了我们大家是怎样克服困难在日本坚持从事芭蕾的。

一般来讲给一个国家的最高领导人及其国宾们看的应该是自己国家的戏剧，而周总理却选择了松山芭蕾舞团。我觉得像这样给包括外国宾客在内的重要人物看（外国戏）是绝无仅有的事情。周总理就是如此为我们费心的。所以松山芭蕾舞团一共到中国去了12次之多，每次周总理无论在什么样的情况下都会来看我们的演出。比如说有这样一件事。大家都知道1971年发生了林彪事件，林彪事件是13日发生的，而我们10月公演的时候，周总理依然来看了我们的演出。这时候上演的是重新改编的《白毛女》，周总理在剧场和我们大家一起看了三个小时。这时主角已不是松山树子，换了别人。周总理这次也跟我们聊了很多。如果换了别人在发生了那么大的政治事件后是不会来看芭蕾舞的，但周总理以这种方式向我们、向日本人民乃至世界人民展示了他那温暖博大的胸怀和他的深思远虑。我想其他的外国的领导人是不具备这一点的。

这是在同毛主席握手。像这样温暖人心的场面也都是周总理有意识去安排的。这为我们留下了非常深刻的印象。所以在某种意义上来说，周总理不仅仅是一位政治家，而且是一位非常有魅力的演出家。我认为他具有世人少有的灵性及敏锐的感性。正因为如此他能够完美地从事政治工作，同时受到广泛的爱戴。在日本人当中能够像周总理这样受到爱戴的人也不多。

周总理总是透过艺术谈论重要的政治问题。所以松山树子每次都像学生见到教师那样，非常用心去听。她说她能够学到很多东西。

还有一件事是在“文化大革命”期间。我们都住在北京饭店。我们正在饭店里便看到周总理从饭店西侧走了进来，跟我们碰上了。周总理自己告诉我们说他是要去理发。这时我跟周总理提出想看旧京剧，过了几天周总理就安排我们在人民大会堂看了旧京剧。

周总理亲切接见松山芭蕾舞团演员。

另外令我对周总理深感钦佩的一件事是发生在1965年。那年我一个人去北京，周总理办公厅打电话叫我去参加建设部门负责人会议，会上请我对北京城市建设规划提意见。因此我建议北京人口应该控制在450万人，不要再增加了；在北京周围郊区建一些30万人左右的小城市，使其用地铁相连接，这些30万人的小城市的中心都设置政治、粮油、文化中心，使每个小城市的生活机能都能够充分运作，进而保护首都北京。周总理称赞这是个好方案。

松山树子把周总理当做自己父亲一样看待，正因为这样，无论在日本多么苦，她说只要想到有周总理在自己就能够把芭蕾坚持下去，这是确实的。那些孩子们也因为无法忘记周总理的亲切关怀，所以大家都有决心无论在多么艰苦的情况下也要在日本把芭蕾搞下去。真的是非常感谢周总理。

刚才我也说过那一年在赫尔辛基召开了世界和平大会。当时没有路费、没有钱，我就到政府去跟他们说我要卖掉从父亲那里继承的土地，那是一所小学的校址。我请求他们买下那块地。政府官员说还是不卖得好，劝我不要卖。我再三请求说无论如何请你们买下来，最后我以非常便宜的价格卖给了他们，用那笔钱当了路费。当时如果说是要去中国，日本外务省是不会发给护照的。所以我就拿了去赫尔辛基的护照经埃及、巴黎到赫尔辛基，再经过列宁格勒、莫斯科和库尔图克到达北京。在北京见到的正是周总理。所以我无论多么艰辛，无论失去任何珍贵的东西都不觉得可惜，真的是做对了。我最后特别感谢我的生身之父，不只是为了自己。因此我对卖掉土地一点都不感到可惜，我觉得是做对了。在这一层意义上我非常感激我的父亲。

正因为这样松山树子长期以来一直坚持工作，但真正认识到芭蕾就必须这样坚持下去，无论多么艰苦不坚持下去不行，还是因为见到周恩来总理，受到周总理的教育之后。所以对于我们来说，周总理既是父亲又是恩人。从这种意义上说是正是因为有了周总理才有了松山芭蕾舞团，这样说也绝不为过。松山树子自己也很清楚这一点。

她经常这样说，只要我们去，周总理不管多么累，都会来看演出，每次都是三个小时，每次都给我们很大鼓励。

专访：二阶堂进讲述周总理与田中角荣访华

# 后　记

经过一年多的紧张忙碌，在周恩来总理诞辰 120 周年之际，这本《您是这样的人——我心中的周恩来总理》终于与读者见面了，编者深感欣慰。

本书在筹划和编辑过程中，得到了社会各方的热情关注和大力支持。孔丹、章百家、万伯翱、吴欢、周国镇等人士在百忙之中接受专访，向读者讲述了许多鲜为人知的周总理往事；陈铎先生不仅亲自为本书撰稿，还向编辑推荐了几位作者，丰富了本书内容；北京金蔷薇广告公司特为本书制作了 10 段怀念周总理的精彩视频；周恩来思想生平研究会、中国国际文化交流中心等单位也为本书的出版提供了大力支持。对所有给予我们帮助和支持的人士和单位深表感谢！

作为出版单位的人民出版社，从选题策划到每一篇稿件的落实，以及最后本书的出版，严谨认真，体现了一个国家大社应有的责任和担当，在此深表敬意！

思念无涯，我们期待有更多的人讲出自己心中珍藏的周总理的故事。

编者

2018 年 3 月

出　　品:图典分社
策划编辑:周　苓　侯俊智
责任编辑:侯俊智
编辑助理:刘志宏　陈建萍　叶敏娟
责任印制:孙亚澎

**图书在版编目(CIP)数据**

您是这样的人——我心中的周恩来总理:视频书/邓在军 主编. —北京:
人民出版社,2018.3
ISBN 978 - 7 - 01 - 019037 - 2

Ⅰ.①您…　Ⅱ.①邓…　Ⅲ.①周恩来(1898 - 1976)-生平事迹　Ⅳ.①K827=7

中国版本图书馆 CIP 数据核字(2018)第 043631 号

**您是这样的人——我心中的周恩来总理(视频书)**
NIN SHI ZHEYANG DE REN WO XINZHONG DE ZHOUENLAI ZONGLI

顾问:周尔均　廖心文　主编:邓在军

人民出版社 出版发行
(100706　北京市东城区隆福寺街 99 号)

北京汇林印务有限公司印刷　新华书店经销

2018 年 3 月第 1 版　2018 年 3 月北京第 1 次印刷
开本:710 毫米×1000 毫米 1/16　印张:17.5
字数:190 千字

ISBN 978 - 7 - 01 - 019037 - 2　定价:48.00 元

邮购地址 100706　北京市东城区隆福寺街 99 号
人民东方图书销售中心　电话 (010)65250042　65289539